"The Wonderful Wizard of Oz" Teacher's Edition Vocabulary Workbook

Elevate your vocabulary skills with our dynamic Teacher Vocabulary Workbook for "The Wonderful Wizard of Oz" Vocabulary, crafted to provide a well-rounded approach to learning and mastering new words. This workbook features eight engaging sections, each designed to enhance different aspects of vocabulary acquisition and usage.

1. **Vocabulary Words with Definitions:** Begin by familiarizing yourself with a curated list of vocabulary words paired with their definitions. This section offers clear, concise explanations to help you understand and remember each term effectively.
2. **Vocabulary Words with Space for Definitions:** Test your understanding by writing your own definitions for a list of vocabulary words. This hands-on practice encourages active learning and helps you internalize each word's meaning.
3. **Vocabulary Definitions with Space to Write the Term:** Challenge yourself by matching definitions with the correct vocabulary words. This exercise helps reinforce your recall and application of the terms based on their meanings.
4. **Matching Assignments**:Connect terms with their correct definitions to strengthen your word association skills.
5. **Crosswords**: Enjoy a classic puzzle format that challenges you to recall and apply vocabulary in a fun way. To differentiate two versions of each crossword are provided, one with a word list and one without.
6. **Word Searches:** Enjoy finding vocabulary words hidden in a variety of word search puzzles. This fun activity boosts word recognition and spelling skills while offering a break from more traditional exercises.
7. **Spelling Practice:** Sharpen your spelling skills with targeted exercises designed to reinforce the correct spelling of vocabulary words. Practice writing words multiple times to improve accuracy and memory.
8. **Flash Cards:** Enhance your retention with a set of printable flash cards. Each card presents a vocabulary word on one side and its definition on the other, perfect for quick reviews and self-assessment.

With its comprehensive and interactive approach, this workbook is perfect for students looking to build a robust vocabulary foundation. Dive into these activities and watch your language skills grow!

Read the Chapter: Carefully read the chapter, noting key events, main ideas, and important characters or themes.
Identify the Main Points: Determine the chapter's central idea and any significant developments or conflicts.
Draft the Summary: Write three concise sentences that capture the essence of the chapter: the main idea, a key event or development, and the overall significance or outcome

Bingo Card:-The activity involves providing students with a list of words that they will use to create their own personalized Bingo card. This interactive exercise encourages creativity and critical thinking as students strategically arrange the words on their card. By engaging in this activity, students can enhance their vocabulary, pattern recognition, and problem-solving skills. Additionally, it promotes social interaction and friendly competition among peers. Overall, this activity is a fun and educational way for students to actively participate in learning.

"The Wonderful Wizard of Oz"
Teacher's Edition Vocabulary Workbook

Vocabulary with Definitions: Review key terms alongside their definitions for quick reference and reinforcement.

abound	exist in large quantities
anxious	eagerly desirous
assemblage	a group of persons together in one place
assorted	consisting of a haphazard variety of different kinds

Vocabulary Term with Space to Write the Definition: Personalize your learning by writing definitions in your own words.

abound	
anxious	
assemblage	
assorted	

Vocabulary Definition with Space to Write the Term: Test your recall by matching definitions to the correct terms.

exist in large quantities	
eagerly desirous	
consisting of a haphazard variety of different kinds	
a group of persons together in one place	

"The Wonderful Wizard of Oz"
Teacher Edition Vocabulary Workbook

Vocabulary Matching: Connect terms with their correct definitions to strengthen your word association skills.

Crosswords: Enjoy a classic puzzle format that challenges you to recall and apply vocabulary in a fun way.

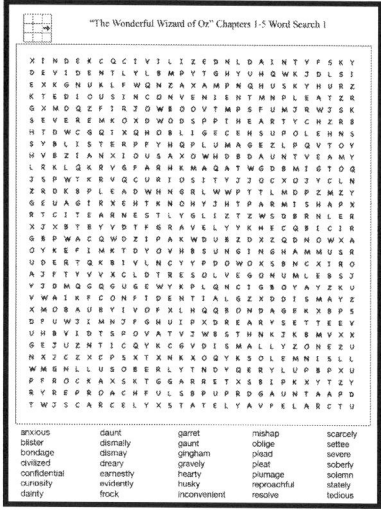

Word Searches: Sharpen your focus as you hunt for vocabulary terms hidden in a grid.

"The Wonderful Wizard of Oz"
Teacher's Edition Vocabulary Workbook

Spelling Practice: Sharpen your spelling skills with targeted exercises designed to reinforce the correct spelling of vocabulary words. Practice writing words multiple times to improve accuracy and memory.

abound		
anxious		
assemblage		
assorted		

Flash Cards: Enhance your retention with a set of printable flash cards. Each card presents a vocabulary word on one side and its definition on the other, perfect for quick reviews and self-assessment.

anxious	eagerly desirous
blister	cause small bubbles to form on
bondage	the state of being under the control of another person
civilized	having a high state of culture and social development

"The Wonderful Wizard of Oz"
Teacher's Edition Vocabulary Workbook

Draft the Summary: Write three concise sentences that capture the essence of the chapter: the main idea, a key event or development, and the overall significance or outcome

Title Chapter _____ Summary

Vocabulary Bingo - Using the words listed below create your own Bingo card.

anxious	daunt	garret	mishap	scarcely
blister	dismally	gaunt	oblige	settee
bondage	dismay	gingham	plead	severe
civilized	dreary	gravely	pleat	soberly
confidential	earnestly	hearty	plumage	solemn
curiosity	evidently	husky	reproachful	stately
dainty	frock	inconvenient	resolve	tedious

B I N G O

(5x5 bingo grid with "Free" space in center)

anxious	civilized	earnestly
blister	confidential	evidently
bondage	dainty	gaunt
curiosity	dismally	gingham
daunt	dreary	husky
dismay	garret	oblige
frock	hearty	pleat
gravely	inconvenient	reproachful
mishap	plead	settee
plumage	resolve	solemn
scarcely	severe	tedious
soberly	stately	

"The Wonderful Wizard of Oz"
Teacher's Edition Vocabulary Workbook

Chapter Sections	# Words
"The Wonderful Wizard of Oz" Chapters 1-5	35
"The Wonderful Wizard of Oz" Chapters 1-5 Part A	20
"The Wonderful Wizard of Oz" Chapters 1-5 Part B	15
"The Wonderful Wizard of Oz" Chapters 6-10	35
"The Wonderful Wizard of Oz" Chapters 6-10 Part A	20
"The Wonderful Wizard of Oz" Chapters 6-10 Part B	15
"The Wonderful Wizard of Oz" Chapters 11-15	35
"The Wonderful Wizard of Oz" Chapters 11-15 Part A	20
"The Wonderful Wizard of Oz" Chapters 11-15 Part B	15
"The Wonderful Wizard of Oz" Chapters 16-24	35
"The Wonderful Wizard of Oz" Chapters 16-24 Part A	20
"The Wonderful Wizard of Oz" Chapters 16-25 Part B	15
	140

"The Wonderful Wizard of Oz" Vocabulary

abound	considerable	gingham	notion	slat
anxious	contented	glare	oblige	slender
assemblage	cunning	gnash	patter	snarl
assorted	curiosity	grant	perplexity	soberly
astonish	dainty	gravely	plague	solder
attend	daunt	gruff	plead	solemn
awkward	deprive	gulf	pleat	sorrow
basin	despair	harness	plight	spectacles
batter	determined	hasten	plumage	spire
beckon	dignified	headlong	portal	stately
bestow	dismally	hearty	presentable	steep
bewilderment	dismay	heedless	prim	steeple
bitterly	dominion	humbug	promptly	stout
blister	doublet	husky	prosperous	stride
blunt	dreary	idle	rank	sulky
bodice	earnestly	immense	reflection	summon
bog	engaged	inconvenient	regret	tedious
boisterous	ermine	indignantly	rejoice	thoroughly
bondage	evidently	industrious	remarkable	tint
bound	exhausted	lot	reproachful	toil
brittle	fancy	mantel	resolve	twine
brocade	foe	mar	retort	unbearable
burnished	fragrance	meek	saucy	vain
civilized	frail	mischief	scarcely	ventriloquist
clatter	frock	mishap	settee	vexed
coarse	fulfillment	modest	severe	wistfully
compel	garret	mourn	shrill	withstand
confidential	gaunt	nevertheless	singe	yonder

"The Wonderful Wizard of Oz" Vocabulary Terms & Definitions

abound	exist in large quantities
anxious	eagerly desirous
assemblage	a group of persons together in one place
assorted	consisting of a haphazard variety of different kinds
astonish	affect with wonder
attend	work for or be a servant to
awkward	lacking grace or skill in manner or movement or performance
basin	a bowl-shaped vessel used for holding food or liquids
batter	strike violently and repeatedly
beckon	appear inviting
bestow	give as a gift
bewilderment	confusion resulting from failure to understand
bitterly	indicating something hard to accept
blister	cause small bubbles to form on
blunt	make less sharp
bodice	part of a dress above the waist
bog	wet spongy ground of decomposing vegetation
boisterous	noisy and lacking in restraint or discipline
bondage	the state of being under the control of another person
bound	move forward by leaping
brittle	having little elasticity
brocade	weave a design into
burnished	made smooth and bright by or as if by rubbing
civilized	having a high state of culture and social development
clatter	a rattling noise

"The Wonderful Wizard of Oz" Vocabulary Terms & Definitions

coarse	rough to the touch
compel	force somebody to do something
confidential	given in secret
considerable	large in number, amount, extent, or degree
contented	satisfied or showing satisfaction with things as they are
cunning	marked by skill in deception
curiosity	something unusual -- perhaps worthy of collecting
dainty	delicately beautiful
daunt	cause to lose courage
deprive	keep from having, keeping, or obtaining
despair	abandon hope; lose heart
determined	characterized by great firmness of purpose
dignified	formal or stately in bearing or appearance
dismally	in a cheerless manner
dismay	the feeling of despair in the face of obstacles
dominion	a region marked off for administrative or other purposes
doublet	a man's close-fitting jacket, worn during the renaissance
dreary	lacking in liveliness or charm or surprise
earnestly	in a sincere and serious manner
engaged	having one's attention or mind or energy consumed
ermine	the expensive white fur of a small mammal
evidently	in a manner that is obvious or unmistakable
exhausted	depleted of energy, force, or strength
fancy	imagination, especially of a casual or whimsical kind
foe	a personal enemy

"The Wonderful Wizard of Oz" Vocabulary Terms & Definitions

fragrance	a distinctive odor that is pleasant
frail	easily broken or damaged or destroyed
frock	a one-piece garment for a woman; has skirt and bodice
fulfillment	the act of consummating something, as a desire or promise
garret	floor consisting of open space at the top of a house
gaunt	very thin especially from disease or hunger or cold
gingham	a woven cotton fabric, typically with a checked pattern
glare	a light that is brighter than what the eyes are adapted to
gnash	grind together
grant	bestow, especially officially
gravely	in a serious or solemn manner
gruff	blunt and unfriendly or stern
gulf	a deep wide chasm
harness	put on leather straps fitted to a draft animal
hasten	speed up the progress of; facilitate
headlong	with the upper or anterior part of the body foremost
hearty	providing abundant nourishment
heedless	marked by or paying little attention
humbug	a person who is intentionally deceptive or insincere
husky	deep and harsh sounding
idle	silly or trivial
immense	unusually great in size or amount or extent or scope
inconvenient	not suited to your comfort, purpose or needs
indignantly	in a manner showing anger at something unjust or wrong
industrious	characterized by hard work and perseverance

"The Wonderful Wizard of Oz" Vocabulary Terms & Definitions

lot	your overall circumstances or condition in life
mantel	a shelf that projects from the wall above a fireplace
mar	cause to become imperfect
meek	humble in spirit or manner
mischief	reckless or malicious behavior causing annoyance in others
mishap	an instance of misfortune
modest	marked by simplicity; having a humble opinion of yourself
mourn	feel sadness
nevertheless	despite anything to the contrary
notion	a vague idea in which some confidence is placed
oblige	cause to be indebted
patter	make light, rapid and repeated sounds
perplexity	trouble or confusion resulting from complexity
plague	annoy continually or chronically
plead	appeal or request earnestly
pleat	a fold in a garment or piece of fabric
plight	a situation from which extrication is difficult
plumage	the covering of feathers on a bird
portal	a grand and imposing entrance
presentable	fit to be seen
prim	affectedly dainty or refined
promptly	in a punctual manner
prosperous	marked by peace and success
rank	growing profusely
reflection	a calm, lengthy, intent consideration

"The Wonderful Wizard of Oz" Vocabulary Terms & Definitions

regret	sadness associated with some wrong or disappointment
rejoice	feel happiness
remarkable	unusual or striking
reproachful	expressing disapproval, blame, or disappointment
resolve	reach a decision
retort	answer back
saucy	improperly forward or bold
scarcely	almost not
settee	a small sofa
severe	extremely bad or unpleasant in degree or quality
shrill	having or emitting a high-pitched and sharp tone or tones
singe	burn superficially or lightly
slat	a thin strip of wood or metal
slender	very narrow
snarl	make an angry, sharp, or abrupt noise
soberly	in a serious or subdued manner
solder	join or fuse with an alloy
solemn	dignified and somber in manner or character
sorrow	something that causes great unhappiness
spectacles	eyeglasses
spire	a tall tower that forms the superstructure of a building
stately	impressive in appearance
steep	set at a high angle (of a slope)
steeple	a tall tower that forms the superstructure of a building
stout	having rugged physical strength

"The Wonderful Wizard of Oz" Vocabulary Terms & Definitions

stride	a step in walking or running
sulky	sullen or moody
summon	call in an official matter, such as to attend court
tedious	so lacking in interest as to cause mental weariness
thoroughly	in an exhaustive manner
tint	a variation or slightly different shade of a color
toil	work hard
twine	arrange or coil around
unbearable	incapable of being put up with
vain	having an exaggerated sense of self-importance
ventriloquist	a performer who projects the voice into a wooden dummy
vexed	troubled persistently especially with petty annoyances
wistfully	in a pensively sad manner
withstand	stand up or offer resistance to somebody or something
yonder	in an indicated distant place

"The Wonderful Wizard of Oz" Vocabulary Terms

abound	
anxious	
assemblage	
assorted	
astonish	
attend	
awkward	
basin	
batter	
beckon	
bestow	
bewilderment	
bitterly	
blister	
blunt	
bodice	
bog	
boisterous	
bondage	
bound	
brittle	
brocade	
burnished	
civilized	
clatter	

"The Wonderful Wizard of Oz" Vocabulary Terms

coarse	
compel	
confidential	
considerable	
contented	
cunning	
curiosity	
dainty	
daunt	
deprive	
despair	
determined	
dignified	
dismally	
dismay	
dominion	
doublet	
dreary	
earnestly	
engaged	
ermine	
evidently	
exhausted	
fancy	
foe	

"The Wonderful Wizard of Oz" Vocabulary Terms

fragrance	
frail	
frock	
fulfillment	
garret	
gaunt	
gingham	
glare	
gnash	
grant	
gravely	
gruff	
gulf	
harness	
hasten	
headlong	
hearty	
heedless	
humbug	
husky	
idle	
immense	
inconvenient	
indignantly	
industrious	

"The Wonderful Wizard of Oz" Vocabulary Terms

lot	
mantel	
mar	
meek	
mischief	
mishap	
modest	
mourn	
nevertheless	
notion	
oblige	
patter	
perplexity	
plague	
plead	
pleat	
plight	
plumage	
portal	
presentable	
prim	
promptly	
prosperous	
rank	
reflection	

"The Wonderful Wizard of Oz" Vocabulary Terms

regret	
rejoice	
remarkable	
reproachful	
resolve	
retort	
saucy	
scarcely	
settee	
severe	
shrill	
singe	
slat	
slender	
snarl	
soberly	
solder	
solemn	
sorrow	
spectacles	
spire	
stately	
steep	
steeple	
stout	

"The Wonderful Wizard of Oz" Vocabulary Terms

stride	
sulky	
summon	
tedious	
thoroughly	
tint	
toil	
twine	
unbearable	
vain	
ventriloquist	
vexed	
wistfully	
withstand	
yonder	

"The Wonderful Wizard of Oz" Vocabulary Definitions

your overall circumstances or condition in life	
work hard	
work for or be a servant to	
with the upper or anterior part of the body foremost	
wet spongy ground of decomposing vegetation	
weave a design into	
very thin especially from disease or hunger or cold	
very narrow	
unusually great in size or amount or extent or scope	
unusual or striking	
troubled persistently especially with petty annoyances	
trouble or confusion resulting from complexity	
the state of being under the control of another person	
the feeling of despair in the face of obstacles	
the expensive white fur of a small mammal	
the covering of feathers on a bird	
the act of consummating something, as a desire or promise	
sullen or moody	
strike violently and repeatedly	
stand up or offer resistance to somebody or something	
speed up the progress of; facilitate	
something unusual -- perhaps worthy of collecting	
something that causes great unhappiness	
so lacking in interest as to cause mental weariness	
silly or trivial	

"The Wonderful Wizard of Oz" Vocabulary Definitions

set at a high angle (of a slope)	
satisfied or showing satisfaction with things as they are	
sadness associated with some wrong or disappointment	
rough to the touch	
reckless or malicious behavior causing annoyance in others	
reach a decision	
put on leather straps fitted to a draft animal	
providing abundant nourishment	
part of a dress above the waist	
not suited to your comfort, purpose or needs	
noisy and lacking in restraint or discipline	
move forward by leaping	
marked by skill in deception	
marked by simplicity; having a humble opinion of yourself	
marked by peace and success	
marked by or paying little attention	
make light, rapid and repeated sounds	
make less sharp	
make an angry, sharp, or abrupt noise	
made smooth and bright by or as if by rubbing	
large in number, amount, extent, or degree	
lacking in liveliness or charm or surprise	
lacking grace or skill in manner or movement or performance	
keep from having, keeping, or obtaining	
join or fuse with an alloy	

"The Wonderful Wizard of Oz" Vocabulary Definitions

indicating something hard to accept	
incapable of being put up with	
in an indicated distant place	
in an exhaustive manner	
in a sincere and serious manner	
in a serious or subdued manner	
in a serious or solemn manner	
in a punctual manner	
in a pensively sad manner	
in a manner that is obvious or unmistakable	
in a manner showing anger at something unjust or wrong	
in a cheerless manner	
improperly forward or bold	
impressive in appearance	
imagination, especially of a casual or whimsical kind	
humble in spirit or manner	
having rugged physical strength	
having or emitting a high-pitched and sharp tone or tones	
having one's attention or mind or energy consumed	
having little elasticity	
having an exaggerated sense of self-importance	
having a high state of culture and social development	
growing profusely	
grind together	
given in secret	

"The Wonderful Wizard of Oz" Vocabulary Definitions

give as a gift	
formal or stately in bearing or appearance	
force somebody to do something	
floor consisting of open space at the top of a house	
fit to be seen	
feel sadness	
feel happiness	
eyeglasses	
extremely bad or unpleasant in degree or quality	
expressing disapproval, blame, or disappointment	
exist in large quantities	
easily broken or damaged or destroyed	
eagerly desirous	
dignified and somber in manner or character	
despite anything to the contrary	
depleted of energy, force, or strength	
delicately beautiful	
deep and harsh sounding	
consisting of a haphazard variety of different kinds	
confusion resulting from failure to understand	
characterized by hard work and perseverance	
characterized by great firmness of purpose	
cause to lose courage	
cause to become imperfect	
cause to be indebted	

"The Wonderful Wizard of Oz" Vocabulary Definitions

cause small bubbles to form on	
call in an official matter, such as to attend court	
burn superficially or lightly	
blunt and unfriendly or stern	
bestow, especially officially	
arrange or coil around	
appear inviting	
appeal or request earnestly	
answer back	
annoy continually or chronically	
an instance of misfortune	
almost not	
affectedly dainty or refined	
affect with wonder	
abandon hope; lose heart	
a woven cotton fabric, typically with a checked pattern	
a variation or slightly different shade of a color	
a vague idea in which some confidence is placed	
a thin strip of wood or metal	
a tall tower that forms the superstructure of a building	
a tall tower that forms the superstructure of a building	
a step in walking or running	
a small sofa	
a situation from which extrication is difficult	
a shelf that projects from the wall above a fireplace	

"The Wonderful Wizard of Oz" Vocabulary Definitions

a region marked off for administrative or other purposes	
a rattling noise	
a personal enemy	
a person who is intentionally deceptive or insincere	
a performer who projects the voice into a wooden dummy	
a one-piece garment for a woman; has skirt and bodice	
a man's close-fitting jacket, worn during the renaissance	
a light that is brighter than what the eyes are adapted to	
a group of persons together in one place	
a grand and imposing entrance	
a fold in a garment or piece of fabric	
a distinctive odor that is pleasant	
a deep wide chasm	
a calm, lengthy, intent consideration	
a bowl-shaped vessel used for holding food or liquids	

"The Wonderful Wizard of Oz" Vocabulary Spelling
Practice writing each word twice in the space provided

abound		
anxious		
assemblage		
assorted		
astonish		
attend		
awkward		
basin		
batter		
beckon		
bestow		
bewilderment		
bitterly		
blister		
blunt		
bodice		
bog		
boisterous		
bondage		
bound		

"The Wonderful Wizard of Oz" Vocabulary Spelling
Practice writing each word twice in the space provided

brittle		
brocade		
burnished		
civilized		
clatter		
coarse		
compel		
confidential		
considerable		
contented		
cunning		
curiosity		
dainty		
daunt		
deprive		
despair		
determined		
dignified		
dismally		
dismay		

"The Wonderful Wizard of Oz" Vocabulary Spelling
Practice writing each word twice in the space provided

dominion		
doublet		
dreary		
earnestly		
engaged		
ermine		
evidently		
exhausted		
fancy		
foe		
fragrance		
frail		
frock		
fulfillment		
garret		
gaunt		
gingham		
glare		
gnash		
grant		

"The Wonderful Wizard of Oz" Vocabulary Spelling
Practice writing each word twice in the space provided

gravely		
gruff		
gulf		
harness		
hasten		
headlong		
hearty		
heedless		
humbug		
husky		
idle		
immense		
inconvenient		
indignantly		
industrious		
lot		
mantel		
mar		
meek		
mischief		

"The Wonderful Wizard of Oz" Vocabulary Spelling
Practice writing each word twice in the space provided

mishap		
modest		
mourn		
nevertheless		
notion		
oblige		
patter		
perplexity		
plague		
plead		
pleat		
plight		
plumage		
portal		
presentable		
prim		
promptly		
prosperous		
rank		
reflection		

"The Wonderful Wizard of Oz" Vocabulary Spelling
Practice writing each word twice in the space provided

regret		
rejoice		
remarkable		
reproachful		
resolve		
retort		
saucy		
scarcely		
settee		
severe		
shrill		
singe		
slat		
slender		
snarl		
soberly		
solder		
solemn		
sorrow		
spectacles		

"The Wonderful Wizard of Oz" Vocabulary Spelling
Practice writing each word twice in the space provided

spire		
stately		
steep		
steeple		
stout		
stride		
sulky		
summon		
tedious		
thoroughly		
tint		
toil		
twine		
unbearable		
vain		
ventriloquist		
vexed		
wistfully		
withstand		
yonder		

"The Wonderful Wizard of Oz" Vocabulary Definitions

your overall circumstances or condition in life	**lot**
work hard	**toil**
work for or be a servant to	**attend**
with the upper or anterior part of the body foremost	**headlong**
wet spongy ground of decomposing vegetation	**bog**
weave a design into	**brocade**
very thin especially from disease or hunger or cold	**gaunt**
very narrow	**slender**
unusually great in size or amount or extent or scope	**immense**
unusual or striking	**remarkable**
troubled persistently especially with petty annoyances	**vexed**
trouble or confusion resulting from complexity	**perplexity**
the state of being under the control of another person	**bondage**
the feeling of despair in the face of obstacles	**dismay**
the expensive white fur of a small mammal	**ermine**
the covering of feathers on a bird	**plumage**
the act of consummating something, as a desire or promise	**fulfillment**
sullen or moody	**sulky**
strike violently and repeatedly	**batter**
stand up or offer resistance to somebody or something	**withstand**
speed up the progress of; facilitate	**hasten**
something unusual -- perhaps worthy of collecting	**curiosity**
something that causes great unhappiness	**sorrow**
so lacking in interest as to cause mental weariness	**tedious**
silly or trivial	**idle**

"The Wonderful Wizard of Oz" Vocabulary Definitions

set at a high angle (of a slope)	**steep**
satisfied or showing satisfaction with things as they are	**contented**
sadness associated with some wrong or disappointment	**regret**
rough to the touch	**coarse**
reckless or malicious behavior causing annoyance in others	**mischief**
reach a decision	**resolve**
put on leather straps fitted to a draft animal	**harness**
providing abundant nourishment	**hearty**
part of a dress above the waist	**bodice**
not suited to your comfort, purpose or needs	**inconvenient**
noisy and lacking in restraint or discipline	**boisterous**
move forward by leaping	**bound**
marked by skill in deception	**cunning**
marked by simplicity; having a humble opinion of yourself	**modest**
marked by peace and success	**prosperous**
marked by or paying little attention	**heedless**
make light, rapid and repeated sounds	**patter**
make less sharp	**blunt**
make an angry, sharp, or abrupt noise	**snarl**
made smooth and bright by or as if by rubbing	**burnished**
large in number, amount, extent, or degree	**considerable**
lacking in liveliness or charm or surprise	**dreary**
lacking grace or skill in manner or movement or performance	**awkward**
keep from having, keeping, or obtaining	**deprive**
join or fuse with an alloy	**solder**

"The Wonderful Wizard of Oz" Vocabulary Definitions

indicating something hard to accept	**bitterly**
incapable of being put up with	**unbearable**
in an indicated distant place	**yonder**
in an exhaustive manner	**thoroughly**
in a sincere and serious manner	**earnestly**
in a serious or subdued manner	**soberly**
in a serious or solemn manner	**gravely**
in a punctual manner	**promptly**
in a pensively sad manner	**wistfully**
in a manner that is obvious or unmistakable	**evidently**
in a manner showing anger at something unjust or wrong	**indignantly**
in a cheerless manner	**dismally**
improperly forward or bold	**saucy**
impressive in appearance	**stately**
imagination, especially of a casual or whimsical kind	**fancy**
humble in spirit or manner	**meek**
having rugged physical strength	**stout**
having or emitting a high-pitched and sharp tone or tones	**shrill**
having one's attention or mind or energy consumed	**engaged**
having little elasticity	**brittle**
having an exaggerated sense of self-importance	**vain**
having a high state of culture and social development	**civilized**
growing profusely	**rank**
grind together	**gnash**
given in secret	**confidential**

"The Wonderful Wizard of Oz" Vocabulary Definitions

give as a gift	**bestow**
formal or stately in bearing or appearance	**dignified**
force somebody to do something	**compel**
floor consisting of open space at the top of a house	**garret**
fit to be seen	**presentable**
feel sadness	**mourn**
feel happiness	**rejoice**
eyeglasses	**spectacles**
extremely bad or unpleasant in degree or quality	**severe**
expressing disapproval, blame, or disappointment	**reproachful**
exist in large quantities	**abound**
easily broken or damaged or destroyed	**frail**
eagerly desirous	**anxious**
dignified and somber in manner or character	**solemn**
despite anything to the contrary	**nevertheless**
depleted of energy, force, or strength	**exhausted**
delicately beautiful	**dainty**
deep and harsh sounding	**husky**
consisting of a haphazard variety of different kinds	**assorted**
confusion resulting from failure to understand	**bewilderment**
characterized by hard work and perseverance	**industrious**
characterized by great firmness of purpose	**determined**
cause to lose courage	**daunt**
cause to become imperfect	**mar**
cause to be indebted	**oblige**

"The Wonderful Wizard of Oz" Vocabulary Definitions

cause small bubbles to form on	**blister**
call in an official matter, such as to attend court	**summon**
burn superficially or lightly	**singe**
blunt and unfriendly or stern	**gruff**
bestow, especially officially	**grant**
arrange or coil around	**twine**
appear inviting	**beckon**
appeal or request earnestly	**plead**
answer back	**retort**
annoy continually or chronically	**plague**
an instance of misfortune	**mishap**
almost not	**scarcely**
affectedly dainty or refined	**prim**
affect with wonder	**astonish**
abandon hope; lose heart	**despair**
a woven cotton fabric, typically with a checked pattern	**gingham**
a variation or slightly different shade of a color	**tint**
a vague idea in which some confidence is placed	**notion**
a thin strip of wood or metal	**slat**
a tall tower that forms the superstructure of a building	**spire**
a tall tower that forms the superstructure of a building	**steeple**
a step in walking or running	**stride**
a small sofa	**settee**
a situation from which extrication is difficult	**plight**
a shelf that projects from the wall above a fireplace	**mantel**

"The Wonderful Wizard of Oz" Vocabulary Definitions

a region marked off for administrative or other purposes	**dominion**
a rattling noise	**clatter**
a personal enemy	**foe**
a person who is intentionally deceptive or insincere	**humbug**
a performer who projects the voice into a wooden dummy	**ventriloquist**
a one-piece garment for a woman; has skirt and bodice	**frock**
a man's close-fitting jacket, worn during the renaissance	**doublet**
a light that is brighter than what the eyes are adapted to	**glare**
a group of persons together in one place	**assemblage**
a grand and imposing entrance	**portal**
a fold in a garment or piece of fabric	**pleat**
a distinctive odor that is pleasant	**fragrance**
a deep wide chasm	**gulf**
a calm, lengthy, intent consideration	**reflection**
a bowl-shaped vessel used for holding food or liquids	**basin**

Vocabulary Workbooks by Stan Bonham

A Long Walk to Water
A Separate Peace
A Wrinkle in Time
All Quiet on the Western Front
All thirteen
Boy Tales of Childhood
Ceremony
Clean Getaway
Death of a Salesman
Fahrenheit 451
Frankenstein
Holes
Hope Was Here
Island of the Bue Dolphin
Lizzie Bright and the Buckminster Boy
Maniac Magee
Matilda
Murder on the Orient Express
Of Mice and Men
Out of my Mind
Out of the Dust
Patina
Prisoner B-3087
Reading Lolita in Tehran
Small Spaces
Summer of the Mariposas
The Adventures of Huckleberry Finn
The Boys in the Boat
The Boys Who Challenged Hitler
The Giver
The Jumbies
The Ogress and the Orphans
The One and Only Ivan
The Phantom Tollbooth
The Wednesday Wars
The Wonderful Wizard of Oz
Turning 15 on the Road to Freedom
Walk Two Moons
When You Reach Me
Where the red fern grows
Wonder

"The Wonderful Wizard of Oz" Chapters 1-5

anxious	daunt	garret	mishap	scarcely
blister	dismally	gaunt	oblige	settee
bondage	dismay	gingham	plead	severe
civilized	dreary	gravely	pleat	soberly
confidential	earnestly	hearty	plumage	solemn
curiosity	evidently	husky	reproachful	stately
dainty	frock	inconvenient	resolve	tedious

"The Wonderful Wizard of Oz" Chapters 1-5 Part A

blister	dismally	garret	plead	severe
bondage	dismay	gaunt	pleat	soberly
civilized	evidently	gingham	plumage	solemn
dainty	frock	hearty	resolve	stately

"The Wonderful Wizard of Oz" Chapters 1-5 Part B

anxious	daunt	gravely	mishap	scarcely
confidential	dreary	husky	oblige	settee
curiosity	earnestly	inconvenient	reproachful	tedious

Included:
- Vocabulary List with Space for definition
- Definitions List with space to provide correct vocabulary word
- 3 Matching assignments
- 3 Crossword puzzles
- To differentiate a version of the Crossword with a word list is provided
- 6 Word Searches
- To differentiate different word directions are used in the word searches
- Spelling Activities
- Flash Cards

"The Wonderful Wizard of Oz" Chapters 1-5 Bundle

anxious	daunt	garret	mishap	scarcely
blister	dismally	gaunt	oblige	settee
bondage	dismay	gingham	plead	severe
civilized	dreary	gravely	pleat	soberly
confidential	earnestly	hearty	plumage	solemn
curiosity	evidently	husky	reproachful	stately
dainty	frock	inconvenient	resolve	tedious

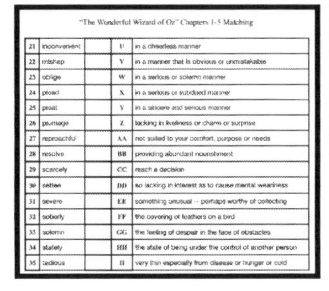

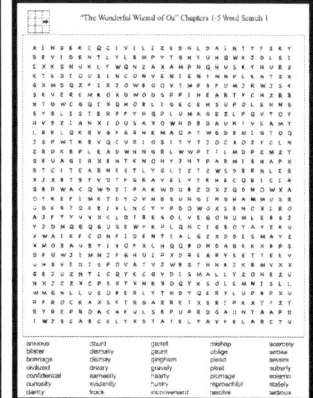

Included
- Vocabulary Terms & Definitions
- Vocabulary List with Space for definition
- Definitions List with space to provide correct vocabulary word
- Matching assignment
- Crossword puzzle
    To differentiate a version of the Crossword with a word list is provided
- 2 Word Searches
- Spelling
- 40 Flash Cards

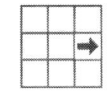

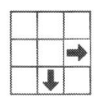

Word Directions

"The Wonderful Wizard of Oz" Chapters 1-5 Vocabulary Terms & Definitions

anxious	eagerly desirous
blister	cause small bubbles to form on
bondage	the state of being under the control of another person
civilized	having a high state of culture and social development
confidential	given in secret
curiosity	something unusual -- perhaps worthy of collecting
dainty	delicately beautiful
daunt	cause to lose courage
dismally	in a cheerless manner
dismay	the feeling of despair in the face of obstacles
dreary	lacking in liveliness or charm or surprise
earnestly	in a sincere and serious manner
evidently	in a manner that is obvious or unmistakable
frock	a one-piece garment for a woman; has skirt and bodice
garret	floor consisting of open space at the top of a house
gaunt	very thin especially from disease or hunger or cold
gingham	a woven cotton fabric, typically with a checked pattern
gravely	in a serious or solemn manner
hearty	providing abundant nourishment
husky	deep and harsh sounding
inconvenient	not suited to your comfort, purpose or needs
mishap	an instance of misfortune
oblige	cause to be indebted
plead	appeal or request earnestly
pleat	a fold in a garment or piece of fabric

"The Wonderful Wizard of Oz" Chapters 1-5 Vocabulary Terms & Definitions

plumage	the covering of feathers on a bird
reproachful	expressing disapproval, blame, or disappointment
resolve	reach a decision
scarcely	almost not
settee	a small sofa
severe	extremely bad or unpleasant in degree or quality
soberly	in a serious or subdued manner
solemn	dignified and somber in manner or character
stately	impressive in appearance
tedious	so lacking in interest as to cause mental weariness

"The Wonderful Wizard of Oz" Chapters 1-5 Vocabulary Terms

anxious	
blister	
bondage	
civilized	
confidential	
curiosity	
dainty	
daunt	
dismally	
dismay	
dreary	
earnestly	
evidently	
frock	
garret	
gaunt	
gingham	
gravely	
hearty	
husky	
inconvenient	
mishap	
oblige	
plead	
pleat	

"The Wonderful Wizard of Oz" Chapters 1-5 Vocabulary Terms

plumage	
reproachful	
resolve	
scarcely	
settee	
severe	
soberly	
solemn	
stately	
tedious	

"The Wonderful Wizard of Oz" Chapters 1-5 Definitions

very thin especially from disease or hunger or cold	
the state of being under the control of another person	
the feeling of despair in the face of obstacles	
the covering of feathers on a bird	
something unusual -- perhaps worthy of collecting	
so lacking in interest as to cause mental weariness	
reach a decision	
providing abundant nourishment	
not suited to your comfort, purpose or needs	
lacking in liveliness or charm or surprise	
in a sincere and serious manner	
in a serious or subdued manner	
in a serious or solemn manner	
in a manner that is obvious or unmistakable	
in a cheerless manner	
impressive in appearance	
having a high state of culture and social development	
given in secret	
floor consisting of open space at the top of a house	
extremely bad or unpleasant in degree or quality	
expressing disapproval, blame, or disappointment	
eagerly desirous	
dignified and somber in manner or character	
delicately beautiful	
deep and harsh sounding	

"The Wonderful Wizard of Oz" Chapters 1-5 Definitions

cause to lose courage	
cause to be indebted	
cause small bubbles to form on	
appeal or request earnestly	
an instance of misfortune	
almost not	
a woven cotton fabric, typically with a checked pattern	
a small sofa	
a one-piece garment for a woman; has skirt and bodice	
a fold in a garment or piece of fabric	

"The Wonderful Wizard of Oz" Chapters 1-5 Definitions

very thin especially from disease or hunger or cold	**gaunt**
the state of being under the control of another person	**bondage**
the feeling of despair in the face of obstacles	**dismay**
the covering of feathers on a bird	**plumage**
something unusual -- perhaps worthy of collecting	**curiosity**
so lacking in interest as to cause mental weariness	**tedious**
reach a decision	**resolve**
providing abundant nourishment	**hearty**
not suited to your comfort, purpose or needs	**inconvenient**
lacking in liveliness or charm or surprise	**dreary**
in a sincere and serious manner	**earnestly**
in a serious or subdued manner	**soberly**
in a serious or solemn manner	**gravely**
in a manner that is obvious or unmistakable	**evidently**
in a cheerless manner	**dismally**
impressive in appearance	**stately**
having a high state of culture and social development	**civilized**
given in secret	**confidential**
floor consisting of open space at the top of a house	**garret**
extremely bad or unpleasant in degree or quality	**severe**
expressing disapproval, blame, or disappointment	**reproachful**
eagerly desirous	**anxious**
dignified and somber in manner or character	**solemn**
delicately beautiful	**dainty**
deep and harsh sounding	**husky**

"The Wonderful Wizard of Oz" Chapters 1-5 Definitions

cause to lose courage	daunt
cause to be indebted	oblige
cause small bubbles to form on	blister
appeal or request earnestly	plead
an instance of misfortune	mishap
almost not	scarcely
a woven cotton fabric, typically with a checked pattern	gingham
a small sofa	settee
a one-piece garment for a woman; has skirt and bodice	frock
a fold in a garment or piece of fabric	pleat

"The Wonderful Wizard of Oz" Chapters 1-5 Matching

1	anxious		A	a fold in a garment or piece of fabric
2	blister		B	a one-piece garment for a woman; has skirt and bodice
3	bondage		C	a small sofa
4	civilized		D	a woven cotton fabric, typically with a checked pattern
5	confidential		E	almost not
6	curiosity		F	an instance of misfortune
7	dainty		G	appeal or request earnestly
8	daunt		H	cause small bubbles to form on
9	dismally		I	cause to be indebted
10	dismay		J	cause to lose courage
11	dreary		K	deep and harsh sounding
12	earnestly		L	delicately beautiful
13	evidently		M	dignified and somber in manner or character
14	frock		N	eagerly desirous
15	garret		O	expressing disapproval, blame, or disappointment
16	gaunt		P	extremely bad or unpleasant in degree or quality
17	gingham		Q	floor consisting of open space at the top of a house
18	gravely		R	given in secret
19	hearty		S	having a high state of culture and social development
20	husky		T	impressive in appearance

"The Wonderful Wizard of Oz" Chapters 1-5 Matching

21	inconvenient		U	in a cheerless manner
22	mishap		V	in a manner that is obvious or unmistakable
23	oblige		W	in a serious or solemn manner
24	plead		X	in a serious or subdued manner
25	pleat		Y	in a sincere and serious manner
26	plumage		Z	lacking in liveliness or charm or surprise
27	reproachful		AA	not suited to your comfort, purpose or needs
28	resolve		BB	providing abundant nourishment
29	scarcely		CC	reach a decision
30	settee		DD	so lacking in interest as to cause mental weariness
31	severe		EE	something unusual -- perhaps worthy of collecting
32	soberly		FF	the covering of feathers on a bird
33	solemn		GG	the feeling of despair in the face of obstacles
34	stately		HH	the state of being under the control of another person
35	tedious		II	very thin especially from disease or hunger or cold

"The Wonderful Wizard of Oz" Chapters 1-5 Matching

1	anxious	N	A	a fold in a garment or piece of fabric
2	blister	H	B	a one-piece garment for a woman; has skirt and bodice
3	bondage	HH	C	a small sofa
4	civilized	S	D	a woven cotton fabric, typically with a checked pattern
5	confidential	R	E	almost not
6	curiosity	EE	F	an instance of misfortune
7	dainty	L	G	appeal or request earnestly
8	daunt	J	H	cause small bubbles to form on
9	dismally	U	I	cause to be indebted
10	dismay	GG	J	cause to lose courage
11	dreary	Z	K	deep and harsh sounding
12	earnestly	Y	L	delicately beautiful
13	evidently	V	M	dignified and somber in manner or character
14	frock	B	N	eagerly desirous
15	garret	Q	O	expressing disapproval, blame, or disappointment
16	gaunt	II	P	extremely bad or unpleasant in degree or quality
17	gingham	D	Q	floor consisting of open space at the top of a house
18	gravely	W	R	given in secret
19	hearty	BB	S	having a high state of culture and social development
20	husky	K	T	impressive in appearance

"The Wonderful Wizard of Oz" Chapters 1-5 Matching

21	inconvenient	AA	U	in a cheerless manner
22	mishap	F	V	in a manner that is obvious or unmistakable
23	oblige	I	W	in a serious or solemn manner
24	plead	G	X	in a serious or subdued manner
25	pleat	A	Y	in a sincere and serious manner
26	plumage	FF	Z	lacking in liveliness or charm or surprise
27	reproachful	O	AA	not suited to your comfort, purpose or needs
28	resolve	CC	BB	providing abundant nourishment
29	scarcely	E	CC	reach a decision
30	settee	C	DD	so lacking in interest as to cause mental weariness
31	severe	P	EE	something unusual -- perhaps worthy of collecting
32	soberly	X	FF	the covering of feathers on a bird
33	solemn	M	GG	the feeling of despair in the face of obstacles
34	stately	T	HH	the state of being under the control of another person
35	tedious	DD	II	very thin especially from disease or hunger or cold

"The Wonderful Wizard of Oz" Chapters 1-5 Crossword

"The Wonderful Wizard of Oz" Chapters 1-5 Crossword

Across

2. dignified and somber in manner or character
3. something unusual -- perhaps worthy of collecting
6. cause small bubbles to form on
7. expressing disapproval, blame, or disappointment
10. a woven cotton fabric, typically with a checked pattern
11. in a sincere and serious manner
13. a one-piece garment for a woman; has skirt and bodice
14. delicately beautiful
15. cause to be indebted
19. floor consisting of open space at the top of a house
20. extremely bad or unpleasant in degree or quality
21. impressive in appearance
22. a fold in a garment or piece of fabric
23. in a manner that is obvious or unmistakable
25. in a cheerless manner
27. providing abundant nourishment
29. having a high state of culture and social development
32. so lacking in interest as to cause mental weariness

Down

1. deep and harsh sounding
4. in a serious or subdued manner
5. the state of being under the control of another person
7. reach a decision
8. very thin especially from disease or hunger or cold
9. not suited to your comfort, purpose or needs
12. given in secret
14. cause to lose courage
16. in a serious or solemn manner
17. almost not
18. lacking in liveliness or charm or surprise
21. a small sofa
24. an instance of misfortune
26. eagerly desirous
28. the covering of feathers on a bird
30. the feeling of despair in the face of obstacles
31. appeal or request earnestly

"The Wonderful Wizard of Oz" Chapters 1-5 Crossword

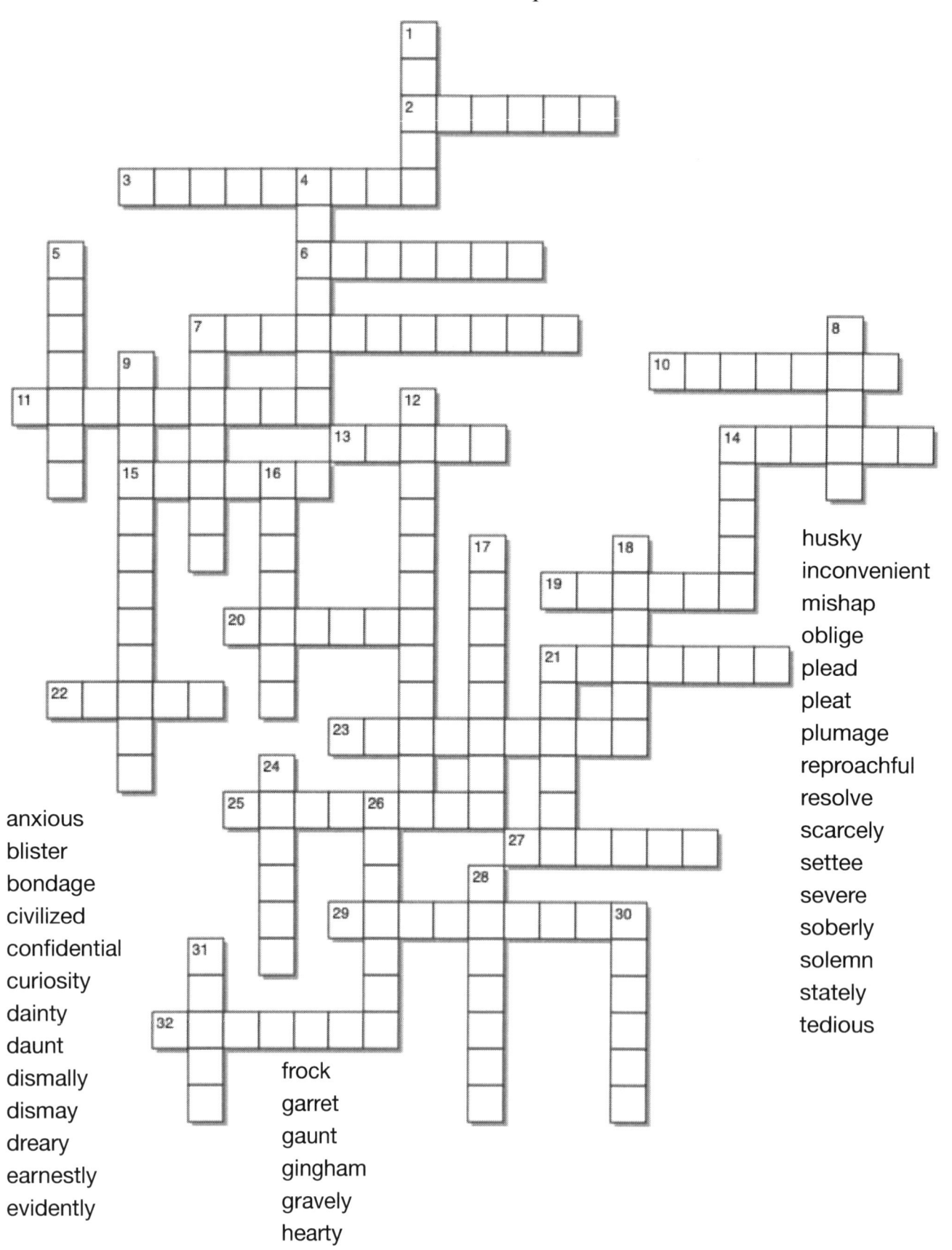

anxious
blister
bondage
civilized
confidential
curiosity
dainty
daunt
dismally
dismay
dreary
earnestly
evidently

frock
garret
gaunt
gingham
gravely
hearty

husky
inconvenient
mishap
oblige
plead
pleat
plumage
reproachful
resolve
scarcely
settee
severe
soberly
solemn
stately
tedious

"The Wonderful Wizard of Oz" Chapters 1-5 Crosswords

Across:
2. SOLEMN
3. CURIOSITY
6. BLISTER
7. REPROACHFUL
10. GINGHAM
11. EARNESTLY
14. FROCK
15. OBLIGE
19. DAINTY
18. GARRET
20. SEVERE
21. STATELY
22. PLEAT
23. EVIDENTLY
25. DISMALLY
27. HEARTY
28. CIVILIZED
32. TEDIOUS

Down:
1. HUSK
4. SOBERLY
5. BONDAGE
7. RECOVER
8. GAUNT
9. INCONVENIENT
12. CONFIDENTLY
13. SCARCE
16. GRAVELY
17. DESERTER
24. MANXSHAP
26. ANXIOUS
29. PLUMAGE
30. DISMAY
31. PLAID
32. TEDIOUS / LEAD

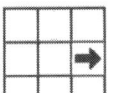

"The Wonderful Wizard of Oz" Chapters 1-5 Word Search 1

```
X I N D E K C Q C I V I L I Z E D N L D A I N T Y F S K Y
D E V I D E N T L Y L B M P Y T G H Y U H Q W K J D L S I
E X K G N U K L F W Q N Z A X A M P N Q H U S K Y H U R Z
K T E D I O U S I N C O N V E N I E N T M N P L E A T Z R
G X M D Q Z F I R J O W B O O V T M P S F U M J R W J S K
S E V E R E M K O X D W O D S P P I H E A R T Y C H Z R B
H T D W C G Q I X Q H O B L I G E C H S U P O L E H N S
S Y B L I S T E R P F Y H Q P L U M A G E Z L P Q V T O Y
H V B Z I A N X I O U S A X O W H D B D A U N T V E A M Y
L R K L Q K R V G F A R H K M A Q A T W G D B M I G T O Q
J S P W T K R V Q C U R I O S I T Y J J O C X O J Y C L N
Z R D K B P L E A D W H N G R L W W P T T L M D P Z M Z Y
G E U A G I R X E H T K N O H Y J H T P A R M I S H A P X
R T C I T E A R N E S T L Y G L I Z T Z W S D B R N L E R
X J X B T B Y V D T F G R A V E L Y K H E C Q B I C I R
G B P W A C Q W D Z I P A K W D U B Z D X Z Q D N O W X A
O Y K E F I M K T D Y O V H B S U N G I N G H A M M U S R
U D E R T Q K B I V L N C Y Y P D O W O X S B N C X I R O
A J F T Y V V X C L D T R E S O L V E G O N U M L E B S J
Y J D M Q G Q G U G E W Y K P L Q N C I G B O Y A Y Z K U
V W A I K F C O N F I D E N T I A L G Z X D D I S M A Y Z
X M O B A U B Y I V O F X L H Q Q B O N D A G E K X B P S
D F U W J I M N J F G H U I P X D R E A R Y S E T T E E V
U H B V I D T S P O V A T V J W B S T H N K J K B M V X X
G E J U Z N T I C Q Y K C G V D I S M A L L Y Z O N E Z U
N X J C Z X C P S X T X N K X O Q Y K S O L E M N I S L L
W M G N L L U S O B E R L Y T N D Y Q E R Y L U P B P X U
P F R O C K A X S K T G G A R R E T X S B I P K K T Z Y
R Y R E P R O A C H F U L S B P U P R D G A U N T A A P D
T W J S C A R C E L Y X S T A T E L Y A V F E L A R C T U
```

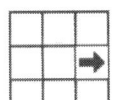

"The Wonderful Wizard of Oz" Chapters 1-5 Word Search 1

```
X I N D E K C Q C I V I L I Z E D N L D A I N T Y F S K Y
D E V I D E N T L Y L B M P Y T G H Y U H Q W K J D L S I
E X K G N U K L F W Q N Z A X A M P N Q H U S K Y H U R Z
K T E D I O U S I N C O N V E N I E N T M N P L E A T Z R
G X M D Q Z F I R J O W B O O V T M P S F U M J R W J S K
S E V E R E M K O X D W O D S P P I H E A R T Y C H Z R B
H T D W C G Q I X Q H O B L I G E C E H S U P O L E H N S
S Y B L I S T E R P F Y H Q P L U M A G E Z L P Q V T O Y
H V B Z I A N X I O U S A X O W H D B D A U N T V E A M Y
L R K L Q K R V G F A R H K M A Q A T W G D B M I G T O Q
J S P W T K R V Q C U R I O S I T Y J J O C X O J Y C L N
Z R D K B P L E A D W H N G R L W W P T T L M D P Z M Z Y
G E U A G I R X E H T K N O H Y J H T P A R M I S H A P X
R T C I T E A R N E S T L Y G L I Z T Z W S D B R N L E R
X J X B T B Y V D T F G R A V E L Y Y K H E C Q B I C I R
G B P W A C Q W D Z I P A K W D U B Z D X Z Q D N O W X A
O Y K E F I M K T D Y O V H B S U N G I N G H A M M U S R
U D E R T Q K B I V L N C Y Y P D O W O X S B N C X I R O
A J F T Y V V X C L D T R E S O L V E G O N U M L E B S J
Y J D M Q G Q G U G E W Y K P L Q N C I G B O Y A Y Z K U
V W A I K F C O N F I D E N T I A L G Z X D D I S M A Y Z
X M O B A U B Y I V O F X L H Q Q B O N D A G E K X B P S
D F U W J I M N J F G H U I P X D R E A R Y S E T T E E V
U H B V I D T S P O V A T V J W B S T H N K J K B M V X X
G E J U Z N T I C Q Y K C G V D I S M A L L Y Z O N E Z U
N X J C Z X C P S X T X N K X O Q Y K S O L E M N I S L L
W M G N L L U S O B E R L Y T N D Y Q E R Y L U P B P X U
P F R O C K A X S K T G G A R R E T X S B I P K X Y T Z Y
R Y R E P R O A C H F U L S B P U P R D G A U N T A A P D
T W J S C A R C E L Y X S T A T E L Y A V F E L A R C T U
```

anxious	daunt	garret	mishap	scarcely
blister	dismally	gaunt	oblige	settee
bondage	dismay	gingham	plead	severe
civilized	dreary	gravely	pleat	soberly
confidential	earnestly	hearty	plumage	solemn
curiosity	evidently	husky	reproachful	stately
dainty	frock	inconvenient	resolve	tedious

"The Wonderful Wizard of Oz" Chapters 1-5 Word Search 2

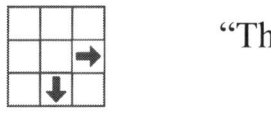

```
I S T A T E L Y G S U P X G T A R G Z N D H M X B F W T A
G P J C W U B M P J L I H H N Q R A O P M S X K D S R S S
W H Y L N V M R L A T A R T O U E R E G J I G K B L R C E
P S G S G J V I U C D I S M A Y S R V C I Y J V A N Z A T
M J A T J B D H M F C D D A S Q O E N D N T Q S U T E R T
C M U V E R N T A I F A S E R J L T D D T D E H I V C E
U A F R O C K P G E T I I N W B V W C P O J E V U Y I E E
R Y U K D H Z A E R Y N E X L G E J O U F Q T E I L D L K
I Q J M E E A R N E S T L Y V P M I S H A P Z R O H E Y D
O H V S B O N D A G E Y M F I X Y F H E Z Q G E C D N E Y
S D S U W S Q J H Y T P E H P N X E E Z T P X E Q R T E Z
I W D U K R M T Z V Z H J E H W C R A I K L G I N U L A F
T L I L G M G D C V A M D A T H R Z R M T E K D D D Y A Z
Y A S V G L E B U A U O F R W A O V T C G A E S H R B S Y
Z R M C R J H P P O Y G R D P X H W Y E E T J O E E P O C
K G A M O M F C W I T J I N C O N V E N I E N T R A T L T
O L L O S I A R E P R O A C H F U L G V J Y C F J R T E E
K L L D L G N K T X L C J B Q D E P S L G P F F N Y V M D
N A Y O M G Q L I N F G D Q F F E Q O J E P H I L J L N I
E T P I T Y C V O H V G I N G H A M B U G A V C Q T T E O
I W R P L Z Q V W Z J X W W I W E P S B L I S T E R U
I P E H Q G B M S N P E I N W O I R R V R P R I M L P U S
O J R L O B L I G E U N Z W P W M V L G I S G S H S L S M
P X N W N Y D W H U C H F H T X Z G Y T P T R C V Q E L I
M L Q W Y N A D P E C O N F I D E N T I A L A O I F A P H
E P A M V A U D W P O E G Z G W F N P A N E V L A Q D X T
Z V C X E L N J C B L H U S K Y X D L N N Z E F I R W U G
V T S U I C T V X X A X K D Z M L C K V K Q L S E B Z H Z
A E M A W C I V I L I Z E D R E K P E Z Z W Y O B P W Y C
D J J T F I G A U N T C E Y Q U Z E V P A N X I O U S Z J
```

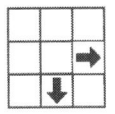

"The Wonderful Wizard of Oz" Chapters 1-5 Word Search 2

anxious	daunt	garret	mishap	scarcely
blister	dismally	gaunt	oblige	settee
bondage	dismay	gingham	plead	severe
civilized	dreary	gravely	pleat	soberly
confidential	earnestly	hearty	plumage	solemn
curiosity	evidently	husky	reproachful	stately
dainty	frock	inconvenient	resolve	tedious

"The Wonderful Wizard of Oz" Chapters 1-5 Spelling
Practice writing each word twice in the space provided

anxious		
blister		
bondage		
civilized		
confidential		
curiosity		
dainty		
daunt		
dismally		
dismay		
dreary		
earnestly		
evidently		
frock		
garret		
gaunt		
gingham		
gravely		
hearty		
husky		

"The Wonderful Wizard of Oz" Chapters 1-5 Spelling
Practice writing each word twice in the space provided

inconvenient		
mishap		
oblige		
plead		
pleat		
plumage		
reproachful		
resolve		
scarcely		
settee		
severe		
soberly		
solemn		
stately		
tedious		

"The Wonderful Wizard of Oz" Chapters 1-5 Flash Cards

anxious	eagerly desirous
blister	cause small bubbles to form on
bondage	the state of being under the control of another person
civilized	having a high state of culture and social development

"The Wonderful Wizard of Oz" Chapters 1-5 Flash Cards

confidential	given in secret
curiosity	something unusual -- perhaps worthy of collecting
dainty	delicately beautiful
daunt	cause to lose courage

"The Wonderful Wizard of Oz" Chapters 1-5 Flash Cards

dismally	in a cheerless manner
dismay	the feeling of despair in the face of obstacles
dreary	lacking in liveliness or charm or surprise
earnestly	in a sincere and serious manner

"The Wonderful Wizard of Oz" Chapters 1-5 Flash Cards

evidently	in a manner that is obvious or unmistakable
frock	a one-piece garment for a woman; has skirt and bodice
garret	floor consisting of open space at the top of a house
gaunt	very thin especially from disease or hunger or cold

"The Wonderful Wizard of Oz" Chapters 1-5 Flash Cards

gingham	a woven cotton fabric, typically with a checked pattern
gravely	in a serious or solemn manner
hearty	providing abundant nourishment
husky	deep and harsh sounding

"The Wonderful Wizard of Oz" Chapters 1-5 Flash Cards

inconvenient	not suited to your comfort, purpose or needs
mishap	an instance of misfortune
oblige	cause to be indebted
plead	appeal or request earnestly

"The Wonderful Wizard of Oz" Chapters 1-5 Flash Cards

pleat	a fold in a garment or piece of fabric
plumage	the covering of feathers on a bird
reproachful	expressing disapproval, blame, or disappointment
resolve	reach a decision

"The Wonderful Wizard of Oz" Chapters 1-5 Flash Cards

scarcely	almost not
settee	a small sofa
severe	extremely bad or unpleasant in degree or quality
soberly	in a serious or subdued manner

"The Wonderful Wizard of Oz" Chapters 1-5 Flash Cards

solemn	dignified and somber in manner or character
stately	impressive in appearance
tedious	so lacking in interest as to cause mental weariness

"The Wonderful Wizard of Oz" Chapters 1-5 Flash Cards

"The Wonderful Wizard of Oz" Chapters 1-5 Bingo

anxious	daunt	garret	mishap	scarcely
blister	dismally	gaunt	oblige	settee
bondage	dismay	gingham	plead	severe
civilized	dreary	gravely	pleat	soberly
confidential	earnestly	hearty	plumage	solemn
curiosity	evidently	husky	reproachful	stately
dainty	frock	inconvenient	resolve	tedious

B I N G O

(5x5 Bingo grid with "Free" space in center)

Included:

1. **Bingo Card:** The activity involves providing students with a list of words that they will use to create their own personalized Bingo card. This interactive exercise encourages creativity and critical thinking as students strategically arrange the words on their card. By engaging in this activity, students can enhance their vocabulary, pattern recognition, and problem-solving skills. Additionally, it promotes social interaction and friendly competition among peers. Overall, this activity is a fun and educational way for students to actively participate in learning.

2. **Vocabulary Words with Definitions:** Begin by familiarizing yourself with a curated list of vocabulary words paired with their definitions. This section offers clear, concise explanations to help you understand and remember each term effectively.

3. **Vocabulary Words with Space for Definitions:** Test your understanding by writing your own definitions for a list of vocabulary words. This hands-on practice encourages active learning and helps you internalize each word's meaning.

4. **Vocabulary Definitions with Space to Write the Term:** Challenge yourself by matching definitions with the correct vocabulary words. This exercise helps reinforce your recall and application of the terms based on their meanings.

Using the 35 words listed below create your own Bingo card.

anxious	daunt	garret	mishap	scarcely
blister	dismally	gaunt	oblige	settee
bondage	dismay	gingham	plead	severe
civilized	dreary	gravely	pleat	soberly
confidential	earnestly	hearty	plumage	solemn
curiosity	evidently	husky	reproachful	stately
dainty	frock	inconvenient	resolve	tedious

B   **I**   **N**   **G**   **O**

		Free		

"The Wonderful Wizard of Oz" Chapters 1-5
Using the 35 words listed below create your own Bingo card.

anxious	civilized	earnestly
blister	confidential	evidently
bondage	dainty	gaunt
curiosity	dismally	gingham
daunt	dreary	husky
dismay	garret	oblige
frock	hearty	pleat
gravely	inconvenient	reproachful
mishap	plead	settee
plumage	resolve	solemn
scarcely	severe	tedious
soberly	stately	

"The Wonderful Wizard of Oz" Chapters 1-5 Part A Bundle

blister	dismally	garret	plead	severe
bondage	dismay	gaunt	pleat	soberly
civilized	evidently	gingham	plumage	solemn
dainty	frock	hearty	resolve	stately

Included:

1. **Vocabulary Words with Definitions:** Begin by familiarizing yourself with a curated list of vocabulary words paired with their definitions. This section offers clear, concise explanations to help you understand and remember each term effectively.
2. **Vocabulary Words with Space for Definitions:** Test your understanding by writing your own definitions for a list of vocabulary words. This hands-on practice encourages active learning and helps you internalize each word's meaning.
3. **Vocabulary Definitions with Space to Write the Term:** Challenge yourself by matching definitions with the correct vocabulary words. This exercise helps reinforce your recall and application of the terms based on their meanings.
4. **Matching Assignments**: Connect terms with their correct definitions to strengthen your word association skills.
5. **Crosswords**: Enjoy a classic puzzle format that challenges you to recall and apply vocabulary in a fun way. To differentiate two versions of each crossword are provided, one with a word list and one without.
6. **Word Searches:** Enjoy finding vocabulary words hidden in a variety of word search puzzles. This fun activity boosts word recognition and spelling skills while offering a break from more traditional exercises.
7. **Spelling Practice:** Sharpen your spelling skills with targeted exercises designed to reinforce the correct spelling of vocabulary words. Practice writing words multiple times to improve accuracy and memory.
8. **20 Flash Cards:** Enhance your retention with a set of printable flash cards. Each card presents a vocabulary word on one side and its definition on the other, perfect for quick reviews and self-assessment.

"The Wonderful Wizard of Oz" Chapters 1-5 Part A Term & Definition

blister	cause small bubbles to form on
bondage	the state of being under the control of another person
civilized	having a high state of culture and social development
dainty	delicately beautiful
dismally	in a cheerless manner
dismay	the feeling of despair in the face of obstacles
evidently	in a manner that is obvious or unmistakable
frock	a one-piece garment for a woman; has skirt and bodice
garret	floor consisting of open space at the top of a house
gaunt	very thin especially from disease or hunger or cold
gingham	a woven cotton fabric, typically with a checked pattern
hearty	providing abundant nourishment
plead	appeal or request earnestly
pleat	a fold in a garment or piece of fabric
plumage	the covering of feathers on a bird
resolve	reach a decision
severe	extremely bad or unpleasant in degree or quality
soberly	in a serious or subdued manner
solemn	dignified and somber in manner or character
stately	impressive in appearance

"The Wonderful Wizard of Oz" Chapters 1-5 Part A Vocabulary

blister	
bondage	
civilized	
dainty	
dismally	
dismay	
evidently	
frock	
garret	
gaunt	
gingham	
hearty	
plead	
pleat	
plumage	
resolve	
severe	
soberly	
solemn	
stately	

"The Wonderful Wizard of Oz" Chapters 1-5 Part A Definitions

very thin especially from disease or hunger or cold	
the state of being under the control of another person	
the feeling of despair in the face of obstacles	
the covering of feathers on a bird	
reach a decision	
providing abundant nourishment	
in a serious or subdued manner	
in a manner that is obvious or unmistakable	
in a cheerless manner	
impressive in appearance	
having a high state of culture and social development	
floor consisting of open space at the top of a house	
extremely bad or unpleasant in degree or quality	
dignified and somber in manner or character	
delicately beautiful	
cause small bubbles to form on	
appeal or request earnestly	
a woven cotton fabric, typically with a checked pattern	
a one-piece garment for a woman; has skirt and bodice	
a fold in a garment or piece of fabric	

"The Wonderful Wizard of Oz" Chapters 1-5 Part A Definitions

very thin especially from disease or hunger or cold	**gaunt**
the state of being under the control of another person	**bondage**
the feeling of despair in the face of obstacles	**dismay**
the covering of feathers on a bird	**plumage**
reach a decision	**resolve**
providing abundant nourishment	**hearty**
in a serious or subdued manner	**soberly**
in a manner that is obvious or unmistakable	**evidently**
in a cheerless manner	**dismally**
impressive in appearance	**stately**
having a high state of culture and social development	**civilized**
floor consisting of open space at the top of a house	**garret**
extremely bad or unpleasant in degree or quality	**severe**
dignified and somber in manner or character	**solemn**
delicately beautiful	**dainty**
cause small bubbles to form on	**blister**
appeal or request earnestly	**plead**
a woven cotton fabric, typically with a checked pattern	**gingham**
a one-piece garment for a woman; has skirt and bodice	**frock**
a fold in a garment or piece of fabric	**pleat**

"The Wonderful Wizard of Oz" Chapters 1-5 Part A Matching

1	blister		A	the feeling of despair in the face of obstacles
2	bondage		B	a woven cotton fabric, typically with a checked pattern
3	civilized		C	providing abundant nourishment
4	dainty		D	in a serious or subdued manner
5	dismally		E	a one-piece garment for a woman; has skirt and bodice
6	dismay		F	dignified and somber in manner or character
7	evidently		G	very thin especially from disease or hunger or cold
8	frock		H	extremely bad or unpleasant in degree or quality
9	garret		I	appeal or request earnestly
10	gaunt		J	reach a decision
11	gingham		K	floor consisting of open space at the top of a house
12	hearty		L	cause small bubbles to form on
13	plead		M	in a cheerless manner
14	pleat		N	the covering of feathers on a bird
15	plumage		O	in a manner that is obvious or unmistakable
16	resolve		P	the state of being under the control of another person
17	severe		Q	delicately beautiful
18	soberly		R	impressive in appearance
19	solemn		S	a fold in a garment or piece of fabric
20	stately		T	having a high state of culture and social development

"The Wonderful Wizard of Oz" Chapters 1-5 Part A Matching

1	blister	L	A	the feeling of despair in the face of obstacles
2	bondage	P	B	a woven cotton fabric, typically with a checked pattern
3	civilized	T	C	providing abundant nourishment
4	dainty	Q	D	in a serious or subdued manner
5	dismally	M	E	a one-piece garment for a woman; has skirt and bodice
6	dismay	A	F	dignified and somber in manner or character
7	evidently	O	G	very thin especially from disease or hunger or cold
8	frock	E	H	extremely bad or unpleasant in degree or quality
9	garret	K	I	appeal or request earnestly
10	gaunt	G	J	reach a decision
11	gingham	B	K	floor consisting of open space at the top of a house
12	hearty	C	L	cause small bubbles to form on
13	plead	I	M	in a cheerless manner
14	pleat	S	N	the covering of feathers on a bird
15	plumage	N	O	in a manner that is obvious or unmistakable
16	resolve	J	P	the state of being under the control of another person
17	severe	H	Q	delicately beautiful
18	soberly	D	R	impressive in appearance
19	solemn	F	S	a fold in a garment or piece of fabric
20	stately	R	T	having a high state of culture and social development

"The Wonderful Wizard of Oz" Chapters 1-5 Part A Crossword

"The Wonderful Wizard of Oz" Chapters 1-5 Part A Crossword

Across

2. a woven cotton fabric, typically with a checked pattern

3. the feeling of despair in the face of obstacles

5. dignified and somber in manner or character

7. in a cheerless manner

9. the state of being under the control of another person

11. very thin especially from disease or hunger or cold

12. cause small bubbles to form on

15. a fold in a garment or piece of fabric

16. in a manner that is obvious or unmistakable

17. providing abundant nourishment

18. reach a decision

Down

1. having a high state of culture and social development

4. a one-piece garment for a woman; has skirt and bodice

5. impressive in appearance

6. appeal or request earnestly

8. in a serious or subdued manner

10. floor consisting of open space at the top of a house

13. extremely bad or unpleasant in degree or quality

14. delicately beautiful

15. the covering of feathers on a bird

"The Wonderful Wizard of Oz" Chapters 1-5 Part A Crossword

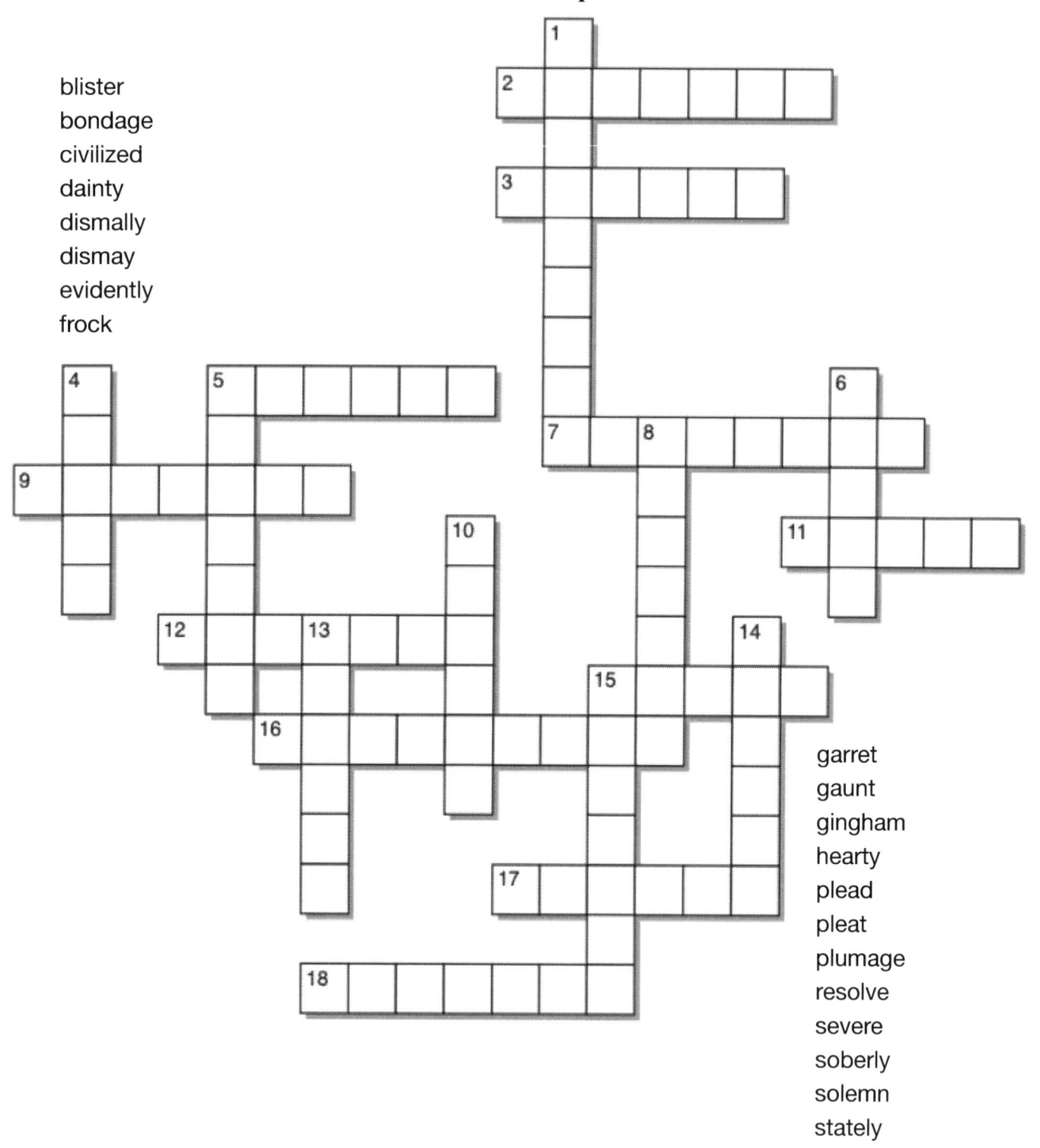

blister
bondage
civilized
dainty
dismally
dismay
evidently
frock

garret
gaunt
gingham
hearty
plead
pleat
plumage
resolve
severe
soberly
solemn
stately

"The Wonderful Wizard of Oz" Chapters 1-5 Part A Crossword

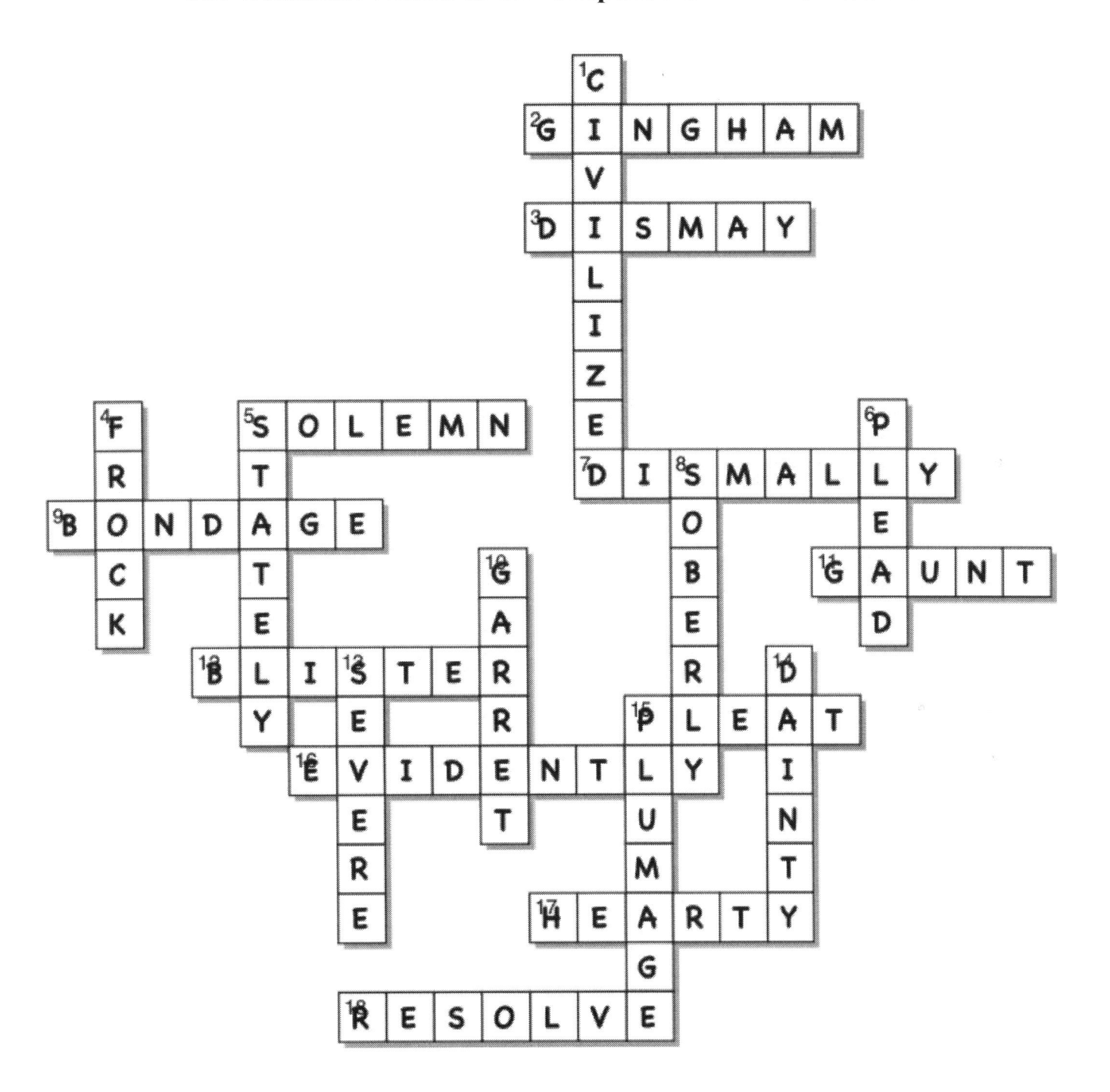

Across:
2. GINGHAM
3. DISMAY
5. SOLEMN
7. DISMALLY
9. BONDAGE
11. GAUNT
12. BLISTER
15. PLEAT
16. EVIDENTLY
17. HEARTY
18. RESOLVE

Down:
1. CIVILIZE
4. FROCK
5. STATELY
6. PLEAD
8. SOBER
10. GARRET
12. BLY (BY)
13. SEVERE
14. DAINTY
15. PLUMG (PLUM G)

"The Wonderful Wizard of Oz" Chapters 1-5 Part A Word Search 1

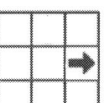

```
D F K Y L B Z L D I S M A L L Y H W R C N N D A U W W
B K D R K R E S O L V E Z Z K S R Q D O G B D K F Q S
A O Y F T B K M I O A R N W N H P C Y D G D T G A I G
L F C L R G Q Z P S K F R F R O C K A B R F V T E H L
M G I N G H A M T J U P D N X D A I N T Y S B A C E K
Y B O N D A G E M G B E X X D A R I N U J Y L N O L
Q G U K W P G C P S U I T M L E X M X A U C W H U A D
B L I S T E R H E A R T Y E P H Q O Q J T P R U O J O
H I U E L G B H J S G F J Y U C O B B H W J R Q X M Y
O F A E N M P M Z W S F L S O B E R L Y A Y Y Z V R V
F E G G L N X C S O Q R E P L U D C V S O P G R A L W
O Q V L M A B X D A K I T R S Y S Z R N X Y T K L W F
M Z S G Y P N A C D Z V T N H Q B J V M F W N W G Z M
S B T Z T R G B Y N S D I B X U U N L I U M M L W Z I
A H E X G J F M T Z Q Q Z C N A S S Y B S O L E M N
R N L M P D K L W S C H X H Z Y S W Q E Q H E C S N E
S N X S T A T E L Y K E L T N W V D L V O N Z H N Y F
P C A E L M J D Q E V E A W P J U G U E V I T Q O Y D
S A D E P K O J P V Q P E H U B M E G U G A R R E T V
H L B I O K C Y N C H U A P V U H F C Y L C O R B X D
E B Y V L P C G M H A X V Z Y W L T U T F S X W V J
D G X T O G X T K I P F W V U Y M X X F G S C X H N
S N P Y P Z U N X C M C Z S H M S B D G K Q R X U C N
F I X C P L U M A G E X W N B L F J G H A W P E I C F
B G G I I H Y P E G H Y M D W W Z R Z K B G A U N T K
J X A A C V M Z T U V B V R W P Q O W A D K Z K U C J
P L E A T G K K Z X P L E A D X H E V I D E N T L Y W
L B X C Z X I Y Y M U K L W S K I S E V E R E Q M H G
R I H U C I V I L I Z E D T I K Q E U C L V J E L I A
B H B V P X N B S O D U W Y H G D I S M A Y K E A K O
```

"The Wonderful Wizard of Oz" Chapters 1-5 Part A Word Search 1

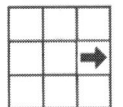

```
D F K Y L B Z L D I S M A L L Y H W R C N N D A U W W
B K D R K R E S O L V E Z Z K S R Q D O G B D K F Q S
A O Y F T B K M I O A R N W N H P C Y D G D T G A I G
L F C L R G Q Z P S K F R F R O C K A B R F V T E H L
M G I N G H A M T J U P D N X D A I N T Y S B A C E K
Y B O N D A G E M G B E X X D A R I N U J Y N L N O L
Q G U K W P G C P S U I T M L E X M X A U C W H U A D
B L I S T E R H E A R T Y E P H Q O Q J T P R U O J O
H I U E L G B H J S G F J Y U C O B B H W J R Q X M Y
O F A E N M P M Z W S F L S O B E R L Y A Y Y Z V R V
F E G G L N X C S O Q R E P L U D C V S O P G R A L W
O Q V L M A B X D A K I T R S Y S Z R N X Y T K L W F
M Z S G Y P N A C D Z V T N H Q B J V M F W N W G Z M
S B T Z T R G B Y N S D I B X U U N L I U M M L W Z I
A H E X G J F M T Z Q Q Z C N A S S Y B S O L E M N B
R N L M P D K L W S C H X H Z Y S W Q E Q H E C S N E
S N X S T A T E L Y K E L T N W V D L V O N Z H N Y F
P C A E L M J D Q E V E A W P J U G U E V I T Q O Y D
S A D E P K O J P V Q P E H U B M E G U G A R R E T V
H L B I O K C Y N C H U A P V U H F C Y L C O R B X D
E B Y V L P C G M H A X V J Z Y W L T U T F S X W V J
D G X T O G X T K I P F W V U Y M X X F G S C X X H N
S N P Y P Z U N X C M C Z S H M S B D G K Q R X U C N
F I X C P L U M A G E X W N B L F J G H A W P E I C F
B G G I I H Y P E G H Y M D W W Z R Z K B G A U N T K
J X A A C V M Z T U V B V R W P Q O W A D K Z K U C J
P L E A T G K K Z X P L E A D X H E V I D E N T L Y W
L B X C Z X I Y Y M U K L W S K I S E V E R E Q M H G
R I H U C I V I L I Z E D T I K Q E U C L V J E L I A
B H B V P X N B S O D U W Y H G D I S M A Y K E A K O
```

blister	dismally	garret	plead	severe
bondage	dismay	gaunt	pleat	soberly
civilized	evidently	gingham	plumage	solemn
dainty	frock	hearty	resolve	stately

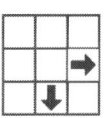

"The Wonderful Wizard of Oz" Chapters 1-5 Part A Word Search 2

```
F B O N E X C M I G B Y G B Q D I S M A Y R Q D C B R
F J F B N N M N H W B X Z X D M D A I N T Y Z F V C E
Z R P H P O I B R X N Y Z T V D J K G E X I S T F Q S
F D G E R P M U N H X Y F K G O S P M Q M F L Q D P O
L J N T C P N M X C W B Q G K D E F Q E B R P A V L L
R B P L E A D R Y P N G B S P O A R K N U O X L H U V
F U G I N G H A M W T J N Y J H X L G H S C C N M M E
O E X M A O W Y N G U G T X B O P N U B T K B B A A W
D V I H G P L B Z A T A D J S J W G V V M F C U R G A
D I C I B Q P M P P B R E A L B G I H R I H R H Z E R
D D E O Q B Z B N L Q R Z O U L I A N W T I N E Q V W
N E S J H T W S M M K E X C C C J P N I N X Q M A K L
C N A C X U W G Y L W T F D I S M A L L Y Z K H N C H
G T I V G D W F X Y V F D P X C G Y I K D D V R N N M
T L O W I J I C G C J M O W O Y X O A J D R W G P O K
C Y Y O Y X B W V G K F Z P Q K H T Z F N B Q E B L A
Y C I V I L I Z E D B E U S Q N Z O P Z U Y V A D O E
N B G U M D J J D H E G B V Z J P U C D R K S A D C J
J B C W G X A I V Z R B L Y Y D Z X V X V G O N O I I
N S C K B P F A W C K H N U D J B L P G I F L H S R F
H W T S A B L I S T E R X Y V X R L L T X E E M G Y L
Q W S T A T E L Y M Y G I G W R K T W K Z R M G W B Y
K P J P B O H G C F B P Z Q A R S Z W L E F N U Y X O
J V M V U X K M D R B L U U X D X K S D W V P E P G Y
V G E G B H P A E U S E O X V A H B D A W M C Z C A X
V N V Y Y P C Q D E X A C J I L Q X B Q X S L K C U R
S E V E R E U Y T A E T X D F H P E T H H D P R Z N L
Q B O N D A G E G Y B Y T F S X L J D B W U Y O U T B
I L D W P U K A L M W H N L E T T A U O K P T Z E I R
W A W E L P T H E A R T Y P A L B S N S O B E R L Y L
```

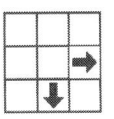

"The Wonderful Wizard of Oz" Chapters 1-5 Part A Word Search 2

```
F B O N E X C M I G B Y G B Q D I S M A Y R Q D C B R
F J F B N N M N H W B X Z X D M D A I N T Y Z F V C E
Z R P H P O I B R X N Y Z T V D J K G E X I S T F Q S
F D G E R P M U N H X Y F K G O S P M Q M F L Q D P O
L J N T C P N M X C W B Q G K D E F Q E B R P A V L L
R B P L E A D R Y P N G B S P O A R K N U O X L H U V
F U G I N G H A M W T J N Y J H X L G H S C C N M M E
O E X M A O W Y N G U G T X B O P N U B T K B B A A W
D V I H G P L B Z A T A D J S J W G V V M F C U R G A
D I C I B Q P M P P B R E A L B G I H R I H R H Z E R
D D E O Q B Z B N L Q R Z O U L I A N W T I N E Q V W
N E S J H T W S M M K E X C C C J P N I N X Q M A K L
C N A C X U W G Y L W T F D I S M A L L Y Z K H N C H
G T I V G D W F X Y V F D P X C G Y I K D D V R N N M
T L O W I J I C G C J M O W O Y X O A J D R W G P O K
C Y Y O Y X B W V G K F Z P Q K H T Z F N B Q E B L A
Y C I V I L I Z E D B E U S Q N Z O P Z U Y V A D O E
N B G U M D J J D H E G B V Z J P U C D R K S A D C J
J B C W G X A I V Z R B L Y Y D Z X Y X V G O N O I I
N S C K B P F A W C K H N U D J B L P G I F L H S R F
H W T S A B L I S T E R X Y V X R L L T X E E M G Y L
Q W S T A T E L Y M Y G I G W R K T W K Z R M G W B Y
K P J P B O H G C F B P Z Q A R S Z W L E F N U Y X O
J V M V U X K M D R B L U U X D X K S D W V P E P G Y
V G E G B H P A E U S E O X V A H B D A W M C Z C A X
V N V Y Y P C Q D E X A C J I L Q X B Q X S L K C U R
S E V E R E U Y T A E T X D F H P E T H H D P R Z N L
Q B O N D A G E G Y B Y T F S X L J D B W U Y O U T B
I L D W P U K A L M W H N L E T T A U O K P T Z E I R
W A W E L P T H E A R T Y P A L B S N S O B E R L Y L
```

blister	dismally	garret	plead	severe
bondage	dismay	gaunt	pleat	soberly
civilized	evidently	gingham	plumage	solemn
dainty	frock	hearty	resolve	stately

"The Wonderful Wizard of Oz" Chapters 1-5 Part A **Spelling**
Practice writing each word twice in the space provided

blister		
bondage		
civilized		
dainty		
dismally		
dismay		
evidently		
frock		
garret		
gaunt		
gingham		
hearty		
plead		
pleat		
plumage		
resolve		
severe		
soberly		
solemn		
stately		

"The Wonderful Wizard of Oz" Chapters 1-5 Part A Flash Cards

blister	cause small bubbles to form on
bondage	the state of being under the control of another person
civilized	having a high state of culture and social development
dainty	delicately beautiful

"The Wonderful Wizard of Oz" Chapters 1-5 Part A Flash Cards

dismally	in a cheerless manner
dismay	the feeling of despair in the face of obstacles
evidently	in a manner that is obvious or unmistakable
frock	a one-piece garment for a woman; has skirt and bodice

"The Wonderful Wizard of Oz" Chapters 1-5 Part A Flash Cards

garret	floor consisting of open space at the top of a house
gaunt	very thin especially from disease or hunger or cold
gingham	a woven cotton fabric, typically with a checked pattern
hearty	providing abundant nourishment

"The Wonderful Wizard of Oz" Chapters 1-5 Part A Flash Cards

plead	appeal or request earnestly
pleat	a fold in a garment or piece of fabric
plumage	the covering of feathers on a bird
resolve	reach a decision

"The Wonderful Wizard of Oz" Chapters 1-5 Part A Flash Cards

severe	extremely bad or unpleasant in degree or quality
soberly	in a serious or subdued manner
solemn	dignified and somber in manner or character
stately	impressive in appearance

"The Wonderful Wizard of Oz" Chapters 1-5 Part A Flash Cards

"The Wonderful Wizard of Oz" Chapters 1-5 Part A Bingo

blister	dismally	garret	plead	severe
bondage	dismay	gaunt	pleat	soberly
civilized	evidently	gingham	plumage	solemn
dainty	frock	hearty	resolve	stately

B　　I　　N　　G　　O

	Free			
			Free	
		Free		
Free				
				Free

Included:

1. **Bingo Card:-** The activity involves providing students with a list of words that they will use to create their own personalized Bingo card. This interactive exercise encourages creativity and critical thinking as students strategically arrange the words on their card. By engaging in this activity, students can enhance their vocabulary, pattern recognition, and problem-solving skills. Additionally, it promotes social interaction and friendly competition among peers. Overall, this activity is a fun and educational way for students to actively participate in learning.
2. **Vocabulary Words with Definitions:** Begin by familiarizing yourself with a curated list of vocabulary words paired with their definitions. This section offers clear, concise explanations to help you understand and remember each term effectively.
3. **Vocabulary Words with Space for Definitions:** Test your understanding by writing your own definitions for a list of vocabulary words. This hands-on practice encourages active learning and helps you internalize each word's meaning.
4. **Vocabulary Definitions with Space to Write the Term:** Challenge yourself by matching definitions with the correct vocabulary words. This exercise helps reinforce your recall and application of the terms based on their meanings.

Using the 20 words listed below create your own Bingo card.

blister	dismally	garret	plead	severe
bondage	dismay	gaunt	pleat	soberly
civilized	evidently	gingham	plumage	solemn
dainty	frock	hearty	resolve	stately

B   I   N   G   O

"The Wonderful Wizard of Oz" Chapters 1-5 Part A
Using the 20 words listed below create your own Bingo card.

blister	dismally	pleat
bondage	dismay	resolve
civilized	frock	severe
dainty	gaunt	soberly
evidently	gingham	solemn
garret	plead	stately
hearty	plumage	

"The Wonderful Wizard of Oz" Chapters 1-5 Part B Bundle

anxious	daunt	gravely	mishap	scarcely
confidential	dreary	husky	oblige	settee
curiosity	earnestly	inconvenient	reproachful	tedious

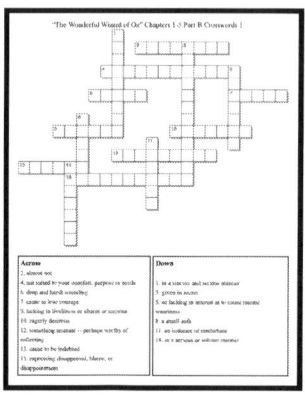

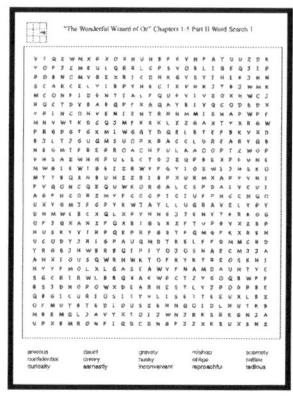

Included:

1. **Vocabulary Words with Definitions:** Begin by familiarizing yourself with a curated list of vocabulary words paired with their definitions. This section offers clear, concise explanations to help you understand and remember each term effectively.
2. **Vocabulary Words with Space for Definitions:** Test your understanding by writing your own definitions for a list of vocabulary words. This hands-on practice encourages active learning and helps you internalize each word's meaning.
3. **Vocabulary Definitions with Space to Write the Term:** Challenge yourself by matching definitions with the correct vocabulary words. This exercise helps reinforce your recall and application of the terms based on their meanings.
4. **Matching Assignments**:Connect terms with their correct definitions to strengthen your word association skills.
5. **Crosswords**: Enjoy a classic puzzle format that challenges you to recall and apply vocabulary in a fun way. To differentiate two versions of each crossword are provided, one with a word list and one without.
6. **Word Searches:** Enjoy finding vocabulary words hidden in a variety of word search puzzles. This fun activity boosts word recognition and spelling skills while offering a break from more traditional exercises.
7. **Spelling Practice:** Sharpen your spelling skills with targeted exercises designed to reinforce the correct spelling of vocabulary words. Practice writing words multiple times to improve accuracy and memory.
8. **Flash Cards:** Enhance your retention with a set of printable flash cards. Each card presents a vocabulary word on one side and its definition on the other, perfect for quick reviews and self-assessment.

"The Wonderful Wizard of Oz" Chapters 1-5 Part B Terms & Definitions

anxious	eagerly desirous
confidential	given in secret
curiosity	something unusual -- perhaps worthy of collecting
daunt	cause to lose courage
dreary	lacking in liveliness or charm or surprise
earnestly	in a sincere and serious manner
gravely	in a serious or solemn manner
husky	deep and harsh sounding
inconvenient	not suited to your comfort, purpose or needs
mishap	an instance of misfortune
oblige	cause to be indebted
reproachful	expressing disapproval, blame, or disappointment
scarcely	almost not
settee	a small sofa
tedious	so lacking in interest as to cause mental weariness

"The Wonderful Wizard of Oz" Chapters 1-5 Part B Terms

anxious	
confidential	
curiosity	
daunt	
dreary	
earnestly	
gravely	
husky	
inconvenient	
mishap	
oblige	
reproachful	
scarcely	
settee	
tedious	

"The Wonderful Wizard of Oz" Chapters 1-5 Part B Definitions

something unusual -- perhaps worthy of collecting	
so lacking in interest as to cause mental weariness	
not suited to your comfort, purpose or needs	
lacking in liveliness or charm or surprise	
in a sincere and serious manner	
in a serious or solemn manner	
given in secret	
expressing disapproval, blame, or disappointment	
eagerly desirous	
deep and harsh sounding	
cause to lose courage	
cause to be indebted	
an instance of misfortune	
almost not	
a small sofa	

"The Wonderful Wizard of Oz" Chapters 1-5 Part B Definitions

something unusual -- perhaps worthy of collecting	**curiosity**
so lacking in interest as to cause mental weariness	**tedious**
not suited to your comfort, purpose or needs	**inconvenient**
lacking in liveliness or charm or surprise	**dreary**
in a sincere and serious manner	**earnestly**
in a serious or solemn manner	**gravely**
given in secret	**confidential**
expressing disapproval, blame, or disappointment	**reproachful**
eagerly desirous	**anxious**
deep and harsh sounding	**husky**
cause to lose courage	**daunt**
cause to be indebted	**oblige**
an instance of misfortune	**mishap**
almost not	**scarcely**
a small sofa	**settee**

"The Wonderful Wizard of Oz" Chapters 1-5 Part B Matching 1

1	anxious		A	so lacking in interest as to cause mental weariness
2	confidential		B	lacking in liveliness or charm or surprise
3	curiosity		C	almost not
4	daunt		D	a small sofa
5	dreary		E	in a serious or solemn manner
6	earnestly		F	cause to lose courage
7	gravely		G	eagerly desirous
8	husky		H	given in secret
9	inconvenient		I	deep and harsh sounding
10	mishap		J	an instance of misfortune
11	oblige		K	in a sincere and serious manner
12	reproachful		L	cause to be indebted
13	scarcely		M	expressing disapproval, blame, or disappointment
14	settee		N	not suited to your comfort, purpose or needs
15	tedious		O	something unusual -- perhaps worthy of collecting

"The Wonderful Wizard of Oz" Chapters 1-5 Part B Matching 1

1	anxious	G	A	so lacking in interest as to cause mental weariness
2	confidential	H	B	lacking in liveliness or charm or surprise
3	curiosity	O	C	almost not
4	daunt	F	D	a small sofa
5	dreary	B	E	in a serious or solemn manner
6	earnestly	K	F	cause to lose courage
7	gravely	E	G	eagerly desirous
8	husky	I	H	given in secret
9	inconvenient	N	I	deep and harsh sounding
10	mishap	J	J	an instance of misfortune
11	oblige	L	K	in a sincere and serious manner
12	reproachful	M	L	cause to be indebted
13	scarcely	C	M	expressing disapproval, blame, or disappointment
14	settee	D	N	not suited to your comfort, purpose or needs
15	tedious	A	O	something unusual -- perhaps worthy of collecting

"The Wonderful Wizard of Oz" Chapters 1-5 Part B Crosswords 1

Across

2. almost not
4. not suited to your comfort, purpose or needs
6. deep and harsh sounding
7. cause to lose courage
9. lacking in liveliness or charm or surprise
10. eagerly desirous
12. something unusual -- perhaps worthy of collecting
13. cause to be indebted
15. expressing disapproval, blame, or disappointment

Down

1. in a sincere and serious manner
3. given in secret
5. so lacking in interest as to cause mental weariness
8. a small sofa
11. an instance of misfortune
14. in a serious or solemn manner

"The Wonderful Wizard of Oz" Chapters 1-5 Part B Crosswords 1

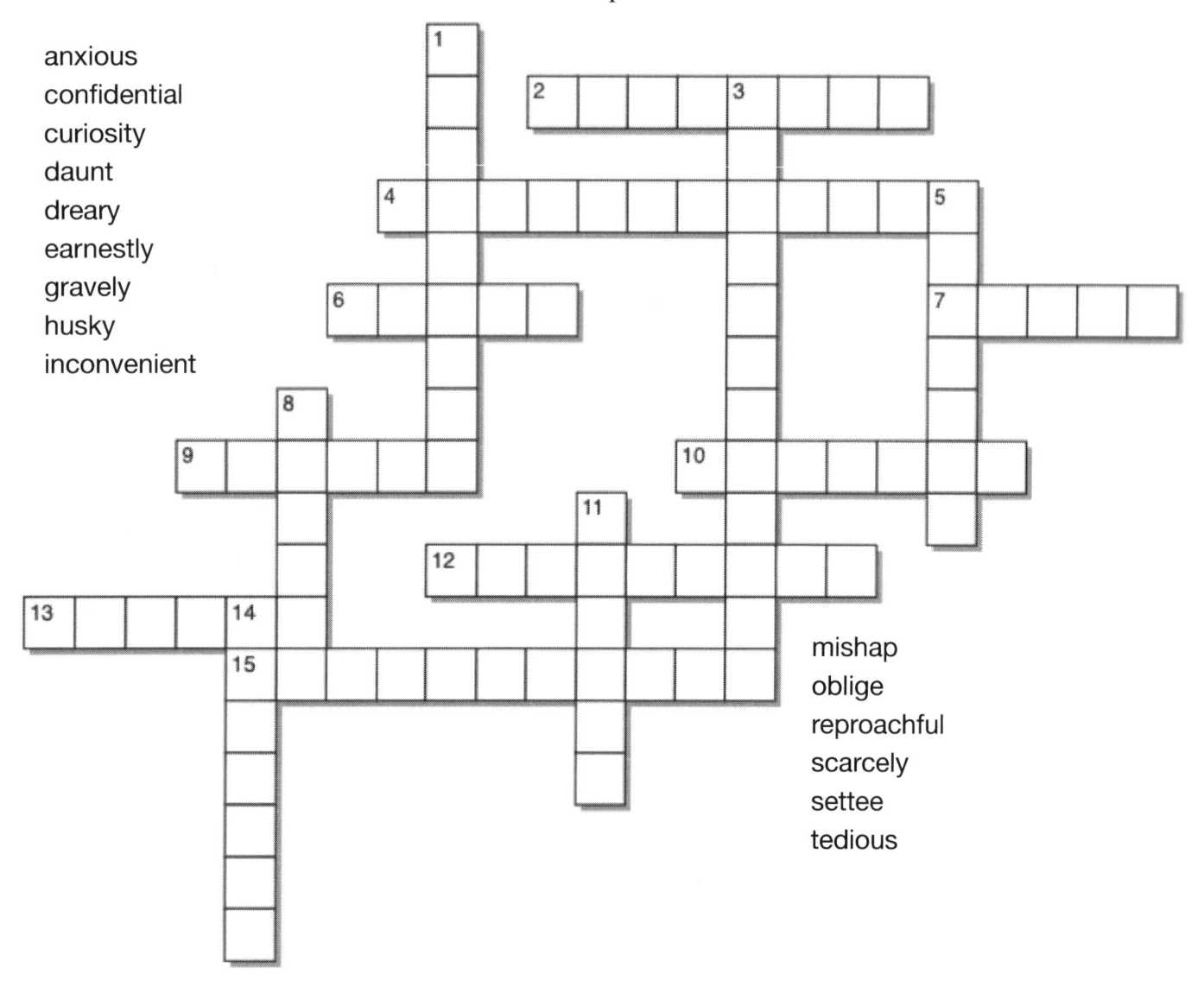

anxious
confidential
curiosity
daunt
dreary
earnestly
gravely
husky
inconvenient

mishap
oblige
reproachful
scarcely
settee
tedious

Across

2. almost not
4. not suited to your comfort, purpose or needs
6. deep and harsh sounding
7. cause to lose courage
9. lacking in liveliness or charm or surprise
10. eagerly desirous
12. something unusual -- perhaps worthy of collecting
13. cause to be indebted
15. expressing disapproval, blame, or disappointment

Down

1. in a sincere and serious manner
3. given in secret
5. so lacking in interest as to cause mental weariness
8. a small sofa
11. an instance of misfortune
14. in a serious or solemn manner

"The Wonderful Wizard of Oz" Chapters 1-5 Part B Crosswords 1

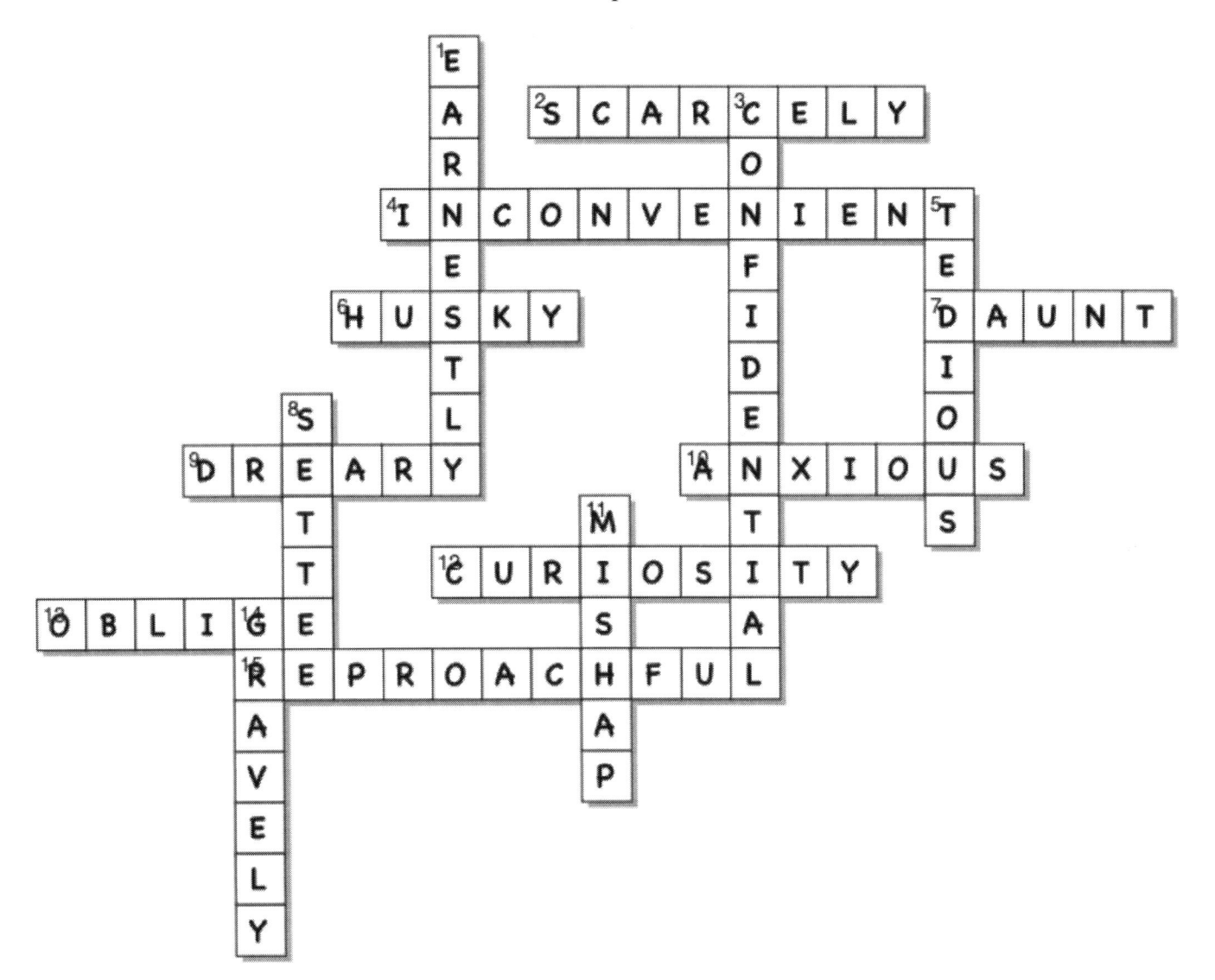

Across:
2. SCARCELY
4. INCONVENIENT
6. HUSKY
7. DAUNT
9. DREARY
10. ANXIOUS
12. CURIOSITY
13. OBLIGE
15. REPROACHFUL

Down:
1. EARNESTLY
3. CONFIDENTE
5. TEDIOUS
8. SETTLE
11. MISHAP
14. GRAVELY

"The Wonderful Wizard of Oz" Chapters 1-5 Part B Word Search 1

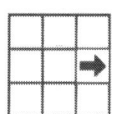

```
V T Q Z W M X P X O X H U H B F K V N F A Y U U Z D K
Y O F J Z M E U L Q R R L C P S V O B L I G E Q J I P
P O B N C M V R E X R I C D N K G V S Y I H I K J H N
S C A R C E L Y I R P Y H E C T K V H K J T B J W M K
M C O N F I D E N T I A L F Q U F V I V Z O X H W C J
R Q C T D V B A B Q P F R A Q A Y B I V Q C O D S D X
Y P I N C O N V E N I E N T R N H M M I S H A P W P F
M H V W T K D C Q J M F K S K L Z Z G A X T Y X R G W
P R G D G T G K M I W G G T D Q E L B T E F B K V X D
B J L T J G U Q M S U O P K R A C C L D R E A R Y Q B
N E G M T F R E P R O A C H F U L A A O O P T Z W O P
V H S A Z W H N P U L E C T D J Z Q P B E X P F U N E
M W G I E W T G E I Z R W Y F G Y I O S W I J H S K O
M T T B Q X N B U H Z Z R I B P X U R M X A P Y V H I
F V Q O N C Q E Q U W K O R G A L C S P D A I V C U I
A G F H C O R Z M Y F C C C P I C I U F P H C C N Q O
U X Y G M J F G P Y K W J A Y L L U G R A V E L Y P Y
D N M W E B C X Q L X P Y N N E J J E N Y T F R K O G
O F J Q X A N Z F Q X B T G S X Z F T U P B V X Z B P
H U S K Y V T R P Q E P R F G S T F Q M G F K X R E N
U C O D Y J R I G P A U Q M D T K E L F F D M M C R D
Y R G S J H W B R B Q I P I Y O J O S H A E C M J J A
A N X I O U S Q W R N W K T O F K Y K T R E O S K H I
N Y Y F M O L X L G A S E A W V F N A M D A U N T Y E
S G C R I R W L B B Q X A K W P C T Z Y G O Q B W F F
R S J D N O P O W X D E A R N E S T L Y J P O D P B E
Q B G I C U R I O S I T Y V L I S E T T E E U X L B Z
O F M U Y B T E D I O U S Z E N N Q O I D L N U T K B
M B E M Q L J A V Y X T O I J W N J R S R K G N J A
U P X B M R O N F I Q D C D N G F J J X K S U X S N Z
```

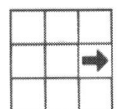

"The Wonderful Wizard of Oz" Chapters 1-5 Part B Word Search 1

```
V T Q Z W M X P X O X H U H B F K V N F A Y U U Z D K
Y O F J Z M E U L Q R R L C P S V O B L I G E Q J I P
P O B N C M V R E X R I C D N K G V S Y I H I K J H N
S C A R C E L Y I R P Y H E C T K V H K J T B J W M K
M C O N F I D E N T I A L F Q U F V I V Z O X H W C J
R Q C T D V B A B Q P F R A Q A Y B I V Q C O D S D X
Y P I N C O N V E N I E N T R N H M M I S H A P W P F
M H V W T K D C Q J M F K S K L Z Z G A X T Y X R G W
P R G D G T G K M I W G G T D Q E L B T E F B K V X D
B J L T J G U Q M S U O P K R A C C L D R E A R Y Q B
N E G M T F R E P R O A C H F U L A A O O P T Z W O P
V H S A Z W H N P U L E C T D J Z Q P B E X P F U N E
M W G I E W T G E I Z R W Y F G Y I O S W I J H S K O
M T T B Q X N B U H Z Z R I B P X U R M X A P Y V H I
F V Q O N C Q E Q U W K O R G A L C S P D A I V C U I
A G F H C O R Z M Y F C C C P I C I U F P H C C N Q O
U X Y G M J F G P Y K W J A Y L L U G R A V E L Y P Y
D N M W E B C X Q L X P Y N N E J J E N Y T F R K O G
O F J Q X A N Z F Q X B T G S X Z F T U P B V X Z B P
H U S K Y V T R P Q E P R F G S T F Q M G F K X R E N
U C O D Y J R I G P A U Q M D T K E L F F D M M C R D
Y R G S J H W B R B Q I P I Y O J O S H A E C M J J A
A N X I O U S Q W R N W K T O F K Y K T R E O S K H I
N Y Y F M O L X L G A S E A W V F N A M D A U N T Y E
S G C R I R W L B B Q X A K W P C T Z Y G O Q B W F F
R S J D N O P O W X D E A R N E S T L Y J P O D P B E
Q B G I C U R I O S I T Y V L I S E T T E E U X L B Z
O F M U Y B T E D I O U S Z E N N Q O I D L N U T K B
M B E M Q L J A V Y X T O I J W N J R K S R K G N J A
U P X B M R O N F I Q D C D N G F J J X K S U X S N Z
```

anxious	daunt	gravely	mishap	scarcely
confidential	dreary	husky	oblige	settee
curiosity	earnestly	inconvenient	reproachful	tedious

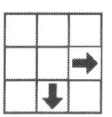

"The Wonderful Wizard of Oz" Chapters 1-5 Part B Word Search 2

```
J Z S G N R D S C A R C E L Y N Z X I J O L Z O A K H
Z G H R G M V O A M D H D R E A R Y F O K M K R T G U
U B H Q V J Z Y P H Z H T M I S H A P V J P Z F B Q S
S B Y P V T Z N F X W S O G L E Y E C F E C H Z S G K
S F Y T R H B I K G X E B N W Q K R O M M F E Q U H Y
Z G Q F I B K Q J Y F D I C O N O T R E A K I U C W M
L A B Q Q C E E V T D F U H O V B E C Q O W K H Z A X
U V J S R K I Z F T R J P I N C O N V E N I E N T K O
W W T S E T T E E I G O B D B M A Y E D W Z D H C M C
V T G R A V E L Y Z B D Z C E J J E B W A M F P N F D
I S Z E L I E X H G X R U S Z Z M B T H X K R N J E R
U J J I M J X S A J J C Z C O Q R A U K M Z E B I A G
V V Q W U D J L V B E N R O B W F M J M D J J Q G E T
P O R V T I Y A D K M N K Z P T L X U Y O H F A I X I
C G P J D W W C K B I U O Q E X S E S J B Q M S M T Z
D U B S X N T M U L Z I M I T T N L O A N X I O U S R
G A W X Q H L C R H R Y J M D C E O E M I N Q C H B E
N D O X L J D I V I S Q T N V T O B M L E Q Q N F O P
L V H H W P C C L N G G I O T B D L T V O H K F F V R
D A U N T G U Y K K X K R R X O O I G K K L A C A Y O
I H D A J L H U F N C P M M I C C G G A E B Q R Q M A
Y C S Y R C G C T M H H T K W B Y E Q D N T J D X M C
Z C K G H O X U F V J A K J B R J H G I A N S Z Y A H
V G Y O E Y U A W D Z V W X E N O S X U E O B O W X F
I F E R D R V V M J V T E D I O U S Z M N G F N Y I U
N S D V Y B Q K G D W E L Z K C E Q N H S C R I A T L
T K C G F B R Q H L E O C I U P R U I V C Z P V O I U
T O E A R N E S T L Y B L C X J Y Y A R T Q T W P M J
L L H Q O Y L J T J S J F S N J R O F Z E R D F I F Z
D C O N F I D E N T I A L H O C U R I O S I T Y G O O
```

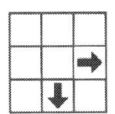

"The Wonderful Wizard of Oz" Chapters 1-5 Part B Word Search 2

```
J Z S G N R D S C A R C E L Y N Z X I J O L Z O A K H
Z G H R G M V O A M D H D R E A R Y F O K M K R T G U
U B H Q V J Z Y P H Z H T M I S H A P V J P Z F B Q S
S B Y P V T Z N F X W S O G L E Y E C F E C H Z S G K
S F Y T R H B I K G X E B N W Q K R O M M F E Q U H Y
Z G Q F I B K Q J Y F D I C O N O T R E A K I U C W M
L A B Q Q C E E V T D F U H O V B E C Q O W K H Z A X
U V J S R K I Z F T R J P I N C O N V E N I E N T K O
W W T S E T T E E I G O B D B M A Y E D W Z D H C M C
V T G R A V E L Y Z B D Z C E J J E B W A M F P N F D
I S Z E L I E X H G X R U S Z Z M B T H X K R N J E R
U J J I M J X S A J J C Z C O Q R A U K M Z E B I A G
V V Q W U D J L V B E N R O B W F M J M D J J Q G E T
P O R V T I Y A D K M N K Z P T L X U Y O H F A I X I
C G P J D W W C K B I U O Q E X S E S J B Q M S M T Z
D U B S X N T M U L Z I M I T T N L O A N X I O U S R
G A W X Q H L C R H R Y J M D C E O E M I N Q C H B E
N D O X L J D I V I S Q T N V T O B M L E Q Q N F O P
L V H H W P C C L N G G I O T B D L T V O H K F F V R
D A U N T G U Y K K X K R R X O O I G K K L A C A Y O
I H D A J L H U F N C P M M I C C G G A E B Q R Q M A
Y C S Y R C G C T M H H T K W B Y E Q D N T J D X M C
Z C K G H O X U F V J A K J B R J H G I A N S Z Y A H
V G Y O E Y U A W D Z V W X E N O S X U E O B O W X F
I F E R D R V V M J V T E D I O U S Z M N G F N Y I U
N S D V Y B Q K G D W E L Z K C E Q N H S C R I A T L
T K C G F B R Q H L E O C I U P R U I V C Z P V O I U
T O E A R N E S T L Y B L C X J Y Y A R T Q T W P M J
L L H Q O Y L J T J S J F S N J R O F Z E R D F I F Z
D C O N F I D E N T I A L H O C U R I O S I T Y G O O
```

anxious	daunt	gravely	mishap	scarcely
confidential	dreary	husky	oblige	settee
curiosity	earnestly	inconvenient	reproachful	tedious

"The Wonderful Wizard of Oz" Chapters 1-5 Part B Spelling
Practice writing each word twice in the space provided

anxious		
confidential		
curiosity		
daunt		
dreary		
earnestly		
gravely		
husky		
inconvenient		
mishap		
oblige		
reproachful		
scarcely		
settee		
tedious		

"The Wonderful Wizard of Oz" Chapters 1-5 Part B Flash Cards

anxious	eagerly desirous
confidential	given in secret
curiosity	something unusual -- perhaps worthy of collecting
daunt	cause to lose courage

"The Wonderful Wizard of Oz" Chapters 1-5 Part B Flash Cards

dreary	lacking in liveliness or charm or surprise
earnestly	in a sincere and serious manner
gravely	in a serious or solemn manner
husky	deep and harsh sounding

"The Wonderful Wizard of Oz" Chapters 1-5 Part B Flash Cards

inconvenient	not suited to your comfort, purpose or needs
mishap	an instance of misfortune
oblige	cause to be indebted
reproachful	expressing disapproval, blame, or disappointment

"The Wonderful Wizard of Oz" Chapters 1-5 Part B Flash Cards

scarcely	almost not
settee	a small sofa
tedious	so lacking in interest as to cause mental weariness

"The Wonderful Wizard of Oz" Chapters 1-5 Part B Flash Cards

"The Wonderful Wizard of Oz" Chapters 1-5 Part B Bingo

anxious	daunt	gravely	mishap	scarcely
confidential	dreary	husky	oblige	settee
curiosity	earnestly	inconvenient	reproachful	tedious

B	I	N	G	O
anxious	Free	confidential	daunt	Free
Free	curiosity	Free	gravely	husky
dreary	earnestly	Free	inconvenient	Free
Free	mishap	oblige	Free	settee
reproachful	Free	scarcely	Free	tedious

Included:

1. **Bingo Card:** -The activity involves providing students with a list of words that they will use to create their own personalized Bingo card. This interactive exercise encourages creativity and critical thinking as students strategically arrange the words on their card. By engaging in this activity, students can enhance their vocabulary, pattern recognition, and problem-solving skills. Additionally, it promotes social interaction and friendly competition among peers. Overall, this activity is a fun and educational way for students to actively participate in learning.

2. **Vocabulary Words with Definitions:** Begin by familiarizing yourself with a curated list of vocabulary words paired with their definitions. This section offers clear, concise explanations to help you understand and remember each term effectively.

3. **Vocabulary Words with Space for Definitions:** Test your understanding by writing your own definitions for a list of vocabulary words. This hands-on practice encourages active learning and helps you internalize each word's meaning.

4. **Vocabulary Definitions with Space to Write the Term:** Challenge yourself by matching definitions with the correct vocabulary words. This exercise helps reinforce your recall and application of the terms based on their meanings.

"The Wonderful Wizard of Oz" Chapters 1-5 Part B
Using the 15 words listed below create your own Bingo card.

anxious	daunt	gravely	mishap	scarcely
confidential	dreary	husky	oblige	settee
curiosity	earnestly	inconvenient	reproachful	tedious

B   I   N   G   O

	Free			Free
Free		Free		
		Free		Free
Free			Free	
	Free		Free	

"The Wonderful Wizard of Oz" Chapters 1-5 Part B
Using the 15 words listed below create your own Bingo card.

anxious	dreary	oblige
confidential	earnestly	reproachful
curiosity	husky	scarcely
daunt	inconvenient	settee
gravely	mishap	tedious

"The Wonderful Wizard of Oz" Vocabulary Chapters 6-10

astonish	dignified	idle	regret	spectacles
attend	fragrance	indignantly	rejoice	steep
awkward	frail	industrious	remarkable	stride
beckon	glare	mar	retort	tint
blunt	gulf	perplexity	shrill	toil
bound	harness	portal	snarl	unbearable
despair	heedless	reflection	sorrow	wistfully

"The Wonderful Wizard of Oz" Vocabulary Chapters 6-10 Part A

astonish	bound	industrious	retort	stride
awkward	despair	mar	snarl	toil
beckon	gulf	regret	sorrow	unbearable
blunt	heedless	remarkable	steep	wistfully

"The Wonderful Wizard of Oz" Vocabulary Chapters 6-10 Part B

attend	frail	idle	portal	shrill
dignified	glare	indignantly	reflection	spectacles
fragrance	harness	perplexity	rejoice	tint

Included:
- Vocabulary List with Space for definition
- Definitions List with space to provide correct vocabulary word
- 3 Matching assignments
- 3 Crossword puzzles
- To differentiate a version of the Crossword with a word list is provided
- 6 Word Searches
- To differentiate different word directions are used in the word searches
- Spelling Activities
- Flash Cards

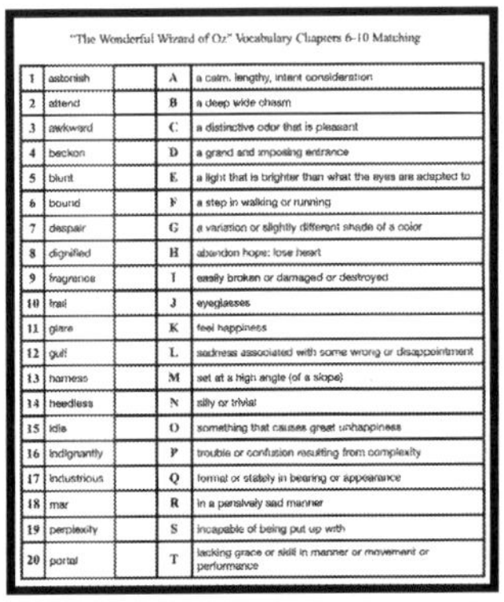

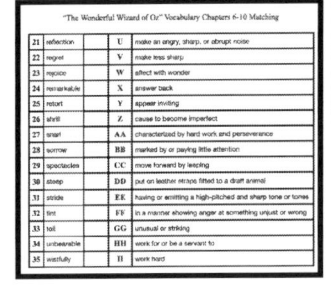

"The Wonderful Wizard of Oz" Vocabulary Chapters 6-10 Bundle

astonish	dignified	idle	regret	spectacles
attend	fragrance	indignantly	rejoice	steep
awkward	frail	industrious	remarkable	stride
beckon	glare	mar	retort	tint
blunt	gulf	perplexity	shrill	toil
bound	harness	portal	snarl	unbearable
despair	heedless	reflection	sorrow	wistfully

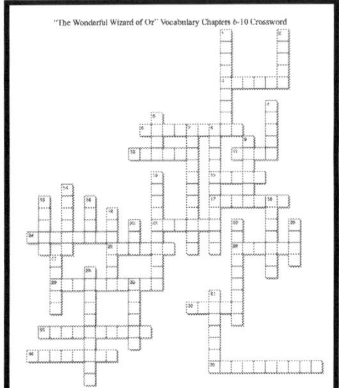

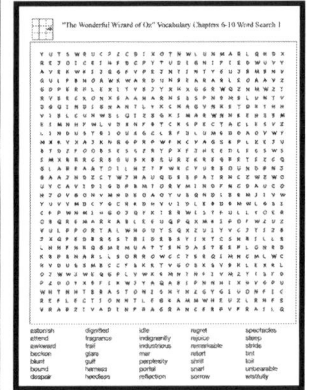

Included
- Vocabulary Terms & Definitions
- Vocabulary List with Space for definition
- Definitions List with space to provide correct vocabulary word
- Matching assignment
- Crossword puzzle
    To differentiate a version of the Crossword with a word list is provided
- 2 Word Searches
- Spelling
- 35 Flash Cards

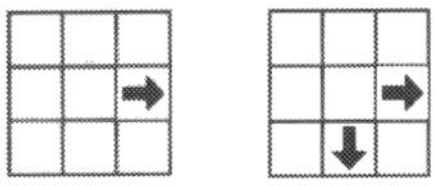

Word Directions

"The Wonderful Wizard of Oz" Vocabulary Chapters 6-10 Vocabulary Terms & Definitions

astonish	affect with wonder
attend	work for or be a servant to
awkward	lacking grace or skill in manner or movement or performance
beckon	appear inviting
blunt	make less sharp
bound	move forward by leaping
despair	abandon hope; lose heart
dignified	formal or stately in bearing or appearance
fragrance	a distinctive odor that is pleasant
frail	easily broken or damaged or destroyed
glare	a light that is brighter than what the eyes are adapted to
gulf	a deep wide chasm
harness	put on leather straps fitted to a draft animal
heedless	marked by or paying little attention
idle	silly or trivial
indignantly	in a manner showing anger at something unjust or wrong
industrious	characterized by hard work and perseverance
mar	cause to become imperfect
perplexity	trouble or confusion resulting from complexity
portal	a grand and imposing entrance
reflection	a calm, lengthy, intent consideration
regret	sadness associated with some wrong or disappointment
rejoice	feel happiness
remarkable	unusual or striking
retort	answer back

"The Wonderful Wizard of Oz" Vocabulary Chapters 6-10 Vocabulary Terms & Definitions

shrill	having or emitting a high-pitched and sharp tone or tones
snarl	make an angry, sharp, or abrupt noise
sorrow	something that causes great unhappiness
spectacles	eyeglasses
steep	set at a high angle (of a slope)
stride	a step in walking or running
tint	a variation or slightly different shade of a color
toil	work hard
unbearable	incapable of being put up with
wistfully	in a pensively sad manner

"The Wonderful Wizard of Oz" Vocabulary Chapters 6-10 Vocabulary Terms

astonish	
attend	
awkward	
beckon	
blunt	
bound	
despair	
dignified	
fragrance	
frail	
glare	
gulf	
harness	
heedless	
idle	
indignantly	
industrious	
mar	
perplexity	
portal	
reflection	
regret	
rejoice	
remarkable	
retort	

"The Wonderful Wizard of Oz" Vocabulary Chapters 6-10 Vocabulary Terms

shrill	
snarl	
sorrow	
spectacles	
steep	
stride	
tint	
toil	
unbearable	
wistfully	

"The Wonderful Wizard of Oz" Vocabulary Chapters 6-10 Definitions

work hard	
work for or be a servant to	
unusual or striking	
trouble or confusion resulting from complexity	
something that causes great unhappiness	
silly or trivial	
set at a high angle (of a slope)	
sadness associated with some wrong or disappointment	
put on leather straps fitted to a draft animal	
move forward by leaping	
marked by or paying little attention	
make less sharp	
make an angry, sharp, or abrupt noise	
lacking grace or skill in manner or movement or performance	
incapable of being put up with	
in a pensively sad manner	
in a manner showing anger at something unjust or wrong	
having or emitting a high-pitched and sharp tone or tones	
formal or stately in bearing or appearance	
feel happiness	
eyeglasses	
easily broken or damaged or destroyed	
characterized by hard work and perseverance	
cause to become imperfect	
appear inviting	

"The Wonderful Wizard of Oz" Vocabulary Chapters 6-10 Definitions

answer back	
affect with wonder	
abandon hope; lose heart	
a variation or slightly different shade of a color	
a step in walking or running	
a light that is brighter than what the eyes are adapted to	
a grand and imposing entrance	
a distinctive odor that is pleasant	
a deep wide chasm	
a calm, lengthy, intent consideration	

"The Wonderful Wizard of Oz" Vocabulary Chapters 6-10 Definitions

work hard	**toil**
work for or be a servant to	**attend**
unusual or striking	**remarkable**
trouble or confusion resulting from complexity	**perplexity**
something that causes great unhappiness	**sorrow**
silly or trivial	**idle**
set at a high angle (of a slope)	**steep**
sadness associated with some wrong or disappointment	**regret**
put on leather straps fitted to a draft animal	**harness**
move forward by leaping	**bound**
marked by or paying little attention	**heedless**
make less sharp	**blunt**
make an angry, sharp, or abrupt noise	**snarl**
lacking grace or skill in manner or movement or performance	**awkward**
incapable of being put up with	**unbearable**
in a pensively sad manner	**wistfully**
in a manner showing anger at something unjust or wrong	**indignantly**
having or emitting a high-pitched and sharp tone or tones	**shrill**
formal or stately in bearing or appearance	**dignified**
feel happiness	**rejoice**
eyeglasses	**spectacles**
easily broken or damaged or destroyed	**frail**
characterized by hard work and perseverance	**industrious**
cause to become imperfect	**mar**
appear inviting	**beckon**

"The Wonderful Wizard of Oz" Vocabulary Chapters 6-10 Definitions

answer back	**retort**
affect with wonder	**astonish**
abandon hope; lose heart	**despair**
a variation or slightly different shade of a color	**tint**
a step in walking or running	**stride**
a light that is brighter than what the eyes are adapted to	**glare**
a grand and imposing entrance	**portal**
a distinctive odor that is pleasant	**fragrance**
a deep wide chasm	**gulf**
a calm, lengthy, intent consideration	**reflection**

"The Wonderful Wizard of Oz" Vocabulary Chapters 6-10 Matching

1	astonish		A	a calm, lengthy, intent consideration
2	attend		B	a deep wide chasm
3	awkward		C	a distinctive odor that is pleasant
4	beckon		D	a grand and imposing entrance
5	blunt		E	a light that is brighter than what the eyes are adapted to
6	bound		F	a step in walking or running
7	despair		G	a variation or slightly different shade of a color
8	dignified		H	abandon hope; lose heart
9	fragrance		I	easily broken or damaged or destroyed
10	frail		J	eyeglasses
11	glare		K	feel happiness
12	gulf		L	sadness associated with some wrong or disappointment
13	harness		M	set at a high angle (of a slope)
14	heedless		N	silly or trivial
15	idle		O	something that causes great unhappiness
16	indignantly		P	trouble or confusion resulting from complexity
17	industrious		Q	formal or stately in bearing or appearance
18	mar		R	in a pensively sad manner
19	perplexity		S	incapable of being put up with
20	portal		T	lacking grace or skill in manner or movement or performance

"The Wonderful Wizard of Oz" Vocabulary Chapters 6-10 Matching

21	reflection		U	make an angry, sharp, or abrupt noise
22	regret		V	make less sharp
23	rejoice		W	affect with wonder
24	remarkable		X	answer back
25	retort		Y	appear inviting
26	shrill		Z	cause to become imperfect
27	snarl		AA	characterized by hard work and perseverance
28	sorrow		BB	marked by or paying little attention
29	spectacles		CC	move forward by leaping
30	steep		DD	put on leather straps fitted to a draft animal
31	stride		EE	having or emitting a high-pitched and sharp tone or tones
32	tint		FF	in a manner showing anger at something unjust or wrong
33	toil		GG	unusual or striking
34	unbearable		HH	work for or be a servant to
35	wistfully		II	work hard

"The Wonderful Wizard of Oz" Vocabulary Chapters 6-10 Matching

#	Word	Ans		Definition
1	astonish	W	A	a calm, lengthy, intent consideration
2	attend	HH	B	a deep wide chasm
3	awkward	T	C	a distinctive odor that is pleasant
4	beckon	Y	D	a grand and imposing entrance
5	blunt	V	E	a light that is brighter than what the eyes are adapted to
6	bound	CC	F	a step in walking or running
7	despair	H	G	a variation or slightly different shade of a color
8	dignified	Q	H	abandon hope; lose heart
9	fragrance	C	I	easily broken or damaged or destroyed
10	frail	I	J	eyeglasses
11	glare	E	K	feel happiness
12	gulf	B	L	sadness associated with some wrong or disappointment
13	harness	DD	M	set at a high angle (of a slope)
14	heedless	BB	N	silly or trivial
15	idle	N	O	something that causes great unhappiness
16	indignantly	FF	P	trouble or confusion resulting from complexity
17	industrious	AA	Q	formal or stately in bearing or appearance
18	mar	Z	R	in a pensively sad manner
19	perplexity	P	S	incapable of being put up with
20	portal	D	T	lacking grace or skill in manner or movement or performance

"The Wonderful Wizard of Oz" Vocabulary Chapters 6-10 Matching

21	reflection	A	U	make an angry, sharp, or abrupt noise
22	regret	L	V	make less sharp
23	rejoice	K	W	affect with wonder
24	remarkable	GG	X	answer back
25	retort	X	Y	appear inviting
26	shrill	EE	Z	cause to become imperfect
27	snarl	U	AA	characterized by hard work and perseverance
28	sorrow	O	BB	marked by or paying little attention
29	spectacles	J	CC	move forward by leaping
30	steep	M	DD	put on leather straps fitted to a draft animal
31	stride	F	EE	having or emitting a high-pitched and sharp tone or tones
32	tint	G	FF	in a manner showing anger at something unjust or wrong
33	toil	II	GG	unusual or striking
34	unbearable	S	HH	work for or be a servant to
35	wistfully	R	II	work hard

"The Wonderful Wizard of Oz" Vocabulary Chapters 6-10 Crossword

"The Wonderful Wizard of Oz" Vocabulary Chapters 6-10 Crossword

Across

3. sadness associated with some wrong or disappointment
6. formal or stately in bearing or appearance
10. work for or be a servant to
11. work hard
13. a light that is brighter than what the eyes are adapted to
17. lacking grace or skill in manner or movement or performance
21. answer back
24. marked by or paying little attention
25. a grand and imposing entrance
26. having or emitting a high-pitched and sharp tone or tones
29. incapable of being put up with
32. make an angry, sharp, or abrupt noise
33. a calm, lengthy, intent consideration
34. affect with wonder
35. eyeglasses

Down

1. a distinctive odor that is pleasant
2. make less sharp
4. easily broken or damaged or destroyed
5. a variation or slightly different shade of a color
7. characterized by hard work and perseverance
8. in a manner showing anger at something unjust or wrong
9. something that causes great unhappiness
12. unusual or striking
14. a step in walking or running
15. set at a high angle (of a slope)
16. silly or trivial
18. feel happiness
19. abandon hope; lose heart
20. cause to become imperfect
22. in a pensively sad manner
23. a deep wide chasm
27. move forward by leaping
28. trouble or confusion resulting from complexity
30. appear inviting
31. put on leather straps fitted to a draft animal

"The Wonderful Wizard of Oz" Vocabulary Chapters 6-10 Crossword

- astonish
- attend
- awkward
- beckon
- blunt
- bound
- despair
- dignified
- fragrance
- frail
- glare
- gulf
- harness
- heedless
- idle
- indignantly
- industrious
- mar
- perplexity
- portal
- reflection
- regret
- rejoice
- remarkable
- retort
- shrill
- snarl
- sorrow
- spectacles
- steep
- stride
- tint
- toil
- unbearable
- wistfully

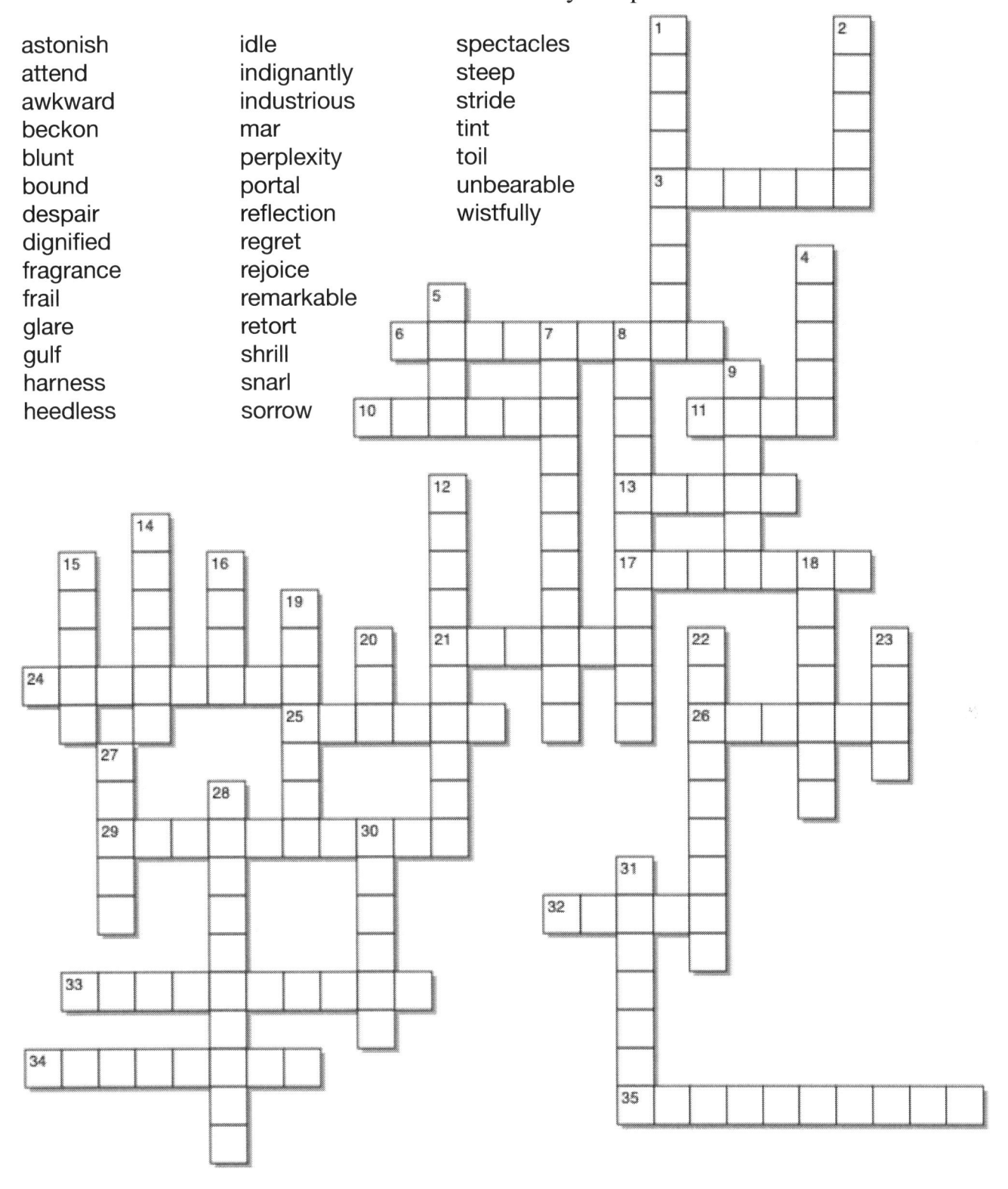

"The Wonderful Wizard of Oz" Vocabulary Chapters 6-10 Crosswords

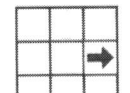

"The Wonderful Wizard of Oz" Vocabulary Chapters 6-10 Word Search 1

```
Y U T S W R U C P Z C D I X O T N W L U N M A R L Q H D X
R E J O I C E I H F D C P Y T U D I G N I F I E D W U V Y
A V E K W K I J G G F V P E J N T I N T Y E U J B M B N V
G U L F B H O A W K W A R D U N B E A R A B L E O A A V Z
G D P E R P L E X I T Y B J Y X H X G G R W Q Z M M W Z I
R V B E C K O N X E A A H A R N E S S P N B M B L U N T V
D G Q I N D I G N A N T L Y K C N A G V N R E T O R T H H
V I B L C U N W S L Q I Z B G K I M A R W N N K E H S B M
E I M N H F W L V D X N F B T C K S P E C T A C L E S V Z
L I N D U S T R I O U S G C L B F D L U M E D D A O V W Y
M X K V X A J K N G G P R W P F N C V A G S K P L Z E J U
B T D Z F O O B S E S S Z B Y P X F J H E E D L E S S W S
E M X B R R C R S G U B K B S U R Z K R E G R E T E Z C Q
G L A R E A A T O I L H Z T F W K C Y U B B O U N D P N J
G A A J N D Z C T W J H A U Q D E S P A I R N C Z W Z W O
U Y C A V I D I G D P B M T O R V M I N D F N C D A U C O
H J O V G O N V M H D E O A O Y U S Q N D I B E M J I V W
Y U V V M D C Y G C R K D H V U I D L E B D B M W L G S I
C F P W N M I H G O J Q Y K T B R W I S T F U L L Y O E R
O B Q R E M A R K A B L E U Q P Q X M K I P O F W Z U Z
V U L P P O R T A L W H D U Y S Q X Z U I Y V C J T I J J
J X Q F E D R G S S T R I D E B S Y I K T C S H R I L L S
L H H F H R Q G M E M U A T T E N D A S T E E P L O N E D
K B P S N A R L L S O R R O W C C T E E Q I M N C M L W C
R V D U S S M B C C F S K K T V G O S K S V B R L E X K L
O J W W J W E Q G P L V W K E M N T N F I V M Z T T S F D
P Z D O Y X B F I K W J Y A Q A B I P N N H I X H V G P U
W H T N H T B R A S T O N I S H Y N Z G Y G I U O N F I C
R E F L E C T I O N N T L E G K A M M W H E U Z L R H F S
V R A R Z I V A D I N F R A G R A N C E B P V F R A I L Q
```

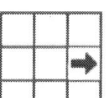

"The Wonderful Wizard of Oz" Vocabulary Chapters 6-10 Word Search 1

```
Y U T S W R U C P Z C D I X O T N W L U N M A R L Q H D X
R E J O I C E I H F D C P Y T U D I G N I F I E D W U V Y
A V E K W K I J G G F V P E J N T I N T Y E U J B M B N V
G U L F B H O A W K W A R D U N B E A R A B L E O A A V Z
G D P E R P L E X I T Y B J Y X H X G G R W Q Z N M W Z I
R V B E C K O N X E A A H A R N E S S P N B M B L U N T V
D G Q I N D I G N A N T L Y K C N A G V N R E T O R T H H
V I B L C U N W S L Q I Z B G K I M A R W N N K E H S B M
E I M N H F W L V D X N F B T C K S P E C T A C L E S V Z
L I N D U S T R I O U S G C L B F D L U M E D D A O V W Y
M X K V X A J K N G G P R P W F N C V A G S K P L Z E J U
B T D Z F O O B S E S S Z B Y P X F J H E E D L E S S W S
E M X B R R C R S G U B K B S U R Z K R E G R E T E Z C Q
G L A R E A A T O I L H Z T F W K C Y U B B O U N D P N J
G A A J N D Z C T W J H A U Q D E S P A I R N C Z W Z W O
U Y C A V I D I G D P B M T O R V M I N D F N C D A U C O
H J O V G O N V M H D E O A O Y U S Q N D I B E M J I V W
Y U V V M D C Y G C R K D H V U I D L E B D B M W L G S I
C F P W N M I H G O J Q Y K T B R W I S T F U L L Y O E R
O B Q R E M A R K A B L E E U Q P Q X M K I P O F W Z U Z
V U L P P O R T A L W H D U Y S Q X Z U I Y V C J T I J B
J X Q F E D R G S S T R I D E B S Y I K T C S H R I L L S
L H H F H R Q G M E M U A T T E N D A S T E E P L O N E D
K B P S N A R L L S O R R O W C C T E E Q I M N C M L W C
R V D U S S M B C C F S K K T V G O S K S V B R L E X K L
O J W W J W E Q G P L V W K E M N T N F I V M Z T T S F D
P Z D O Y X B F I K W J Y A Q A B I P N N H I X H V G P U
W H T N H T B R A S T O N I S H Y N Z G Y G I U O N F I C
R E F L E C T I O N N T L E G K A M M W H E U Z L R H F S
V R A R Z I V A D I N F R A G R A N C E B P V F R A I L Q
```

astonish	dignified	idle	regret	spectacles
attend	fragrance	indignantly	rejoice	steep
awkward	frail	industrious	remarkable	stride
beckon	glare	mar	retort	tint
blunt	gulf	perplexity	shrill	toil
bound	harness	portal	snarl	unbearable
despair	heedless	reflection	sorrow	wistfully

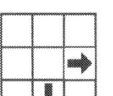

"The Wonderful Wizard of Oz" Vocabulary Chapters 6-10 Word Search 2

```
I Z I A D L N M Z K H M C J F C V P D E S P A I R P Z A F
R X T I N T T J I J B Y Y N S C F B S P P D P X Q U L S R
E U H O A Y N S A E F S H R I L L S U X W N P X Z W F T A
F T B A P Z Z L J J Y O Y J U N K N N H S R O B V U S O G
L O U T L G F P A R Y X G H B C P A B T Q R R S C D J N R
E I W L T X T Z S U X W H W H E W R E U O M D B I O M I A
C L I X N I Y Y J X P T A L A M O L A C H D J P N T J S N
T S S B I B Y T F P O D B U R Q E G R I J X O E M W Y H C
I L T Z N G S R H Z G G G F N D K W A J I F I R D I L A E
O T F R D Z C B S T R I D E E Q V W B C U H N P F X J J M
N L U G U V U B J Y Y R B K S P O J L X F T A L Q D L Y A
Q U L Y S B N I M U E K J U S O D C E T A E I E S I H E R
I V L D T W J F Q N Q K Q C N R E J O I C E X N G U V D
X J Y J R I F V Z M S W A P D T V Z F E R E B I L N P E J
L X L L I Q B B L U N T G T U A Q C R S R D O T M I S Q M
K M X I O M Q O F O X P N U P L H I A X W Z G Y I F Y P E
K M R J U X D S V N O F H F U B E M I B Y G W K Z I A E F
H M O G S E C S I U V C D N I G Q J L D X P W C A E T V Q
Y X N J B M I I A H M K F J N K C M U O K D H H N D T V N
S E L H P C V K W O U I N D I G N A N T L Y Z H J R E N P
P O S Y S X F F G O L L Q Q V F B M B N V B U H X B N S E
E T L X P G G U L F K L H F A F O U O Y S H H C I H D G N
C G V L R E G R E T D W B Y Q R U V I D L E N M R K H L C
T B I W U B H R E T O R T F L D N V E H K Z C S A S O A W
A O L I T A W K W A R D P Q S L D U N P Q H U W J E I R J
C L T R E M A R K A B L E B E C K O N E R B Z N N P O E A
L H B V S O R B K D J U S T E E P T J H P W O B S K T L W
E T X G Z M V F G Z H E E D L E S S Y Z M K J D C N E C P
S I M F K A X F D C C O M W T T F H R A V J B T W J H V H
M W Q U H N Z K E Z Q M K T C Q S O R R O W R T L F L C L
```

"The Wonderful Wizard of Oz" Vocabulary Chapters 6-10 Word Search 2

```
I Z I A D L N M Z K H M C J F C V P D E S P A I R P Z A F
R X T I N T T J I J B Y Y N S C F B S P P D P X Q U L S R
E U H O A Y N S A E F S H R I L L S U X W N P X Z W F T A
F T B A P Z Z L J J Y O Y J U N K N N H S R O B V U S O G
L O U T L G F P A R Y X G H B C P A B T Q R R S C D J N R
E I W L T X T Z S U X W H W H E W R E U O M D B I O M I A
C L I X N I Y Y J X P T A L A M O L A C H D J P N T J S N
T S S B I B Y T F P O D B U R Q E G R I J X O E M W Y H C
I L T Z N G S R H Z G G G F N D K W A J I F I R D I L A E
O T F R D Z C B S T R I D E E Q V W B C U H N P F X J J M
N L U G U V U B J Y Y R B K S P O J L X F T A L Q D L Y A
Q U L Y S B N I M U E K J U S O D C E T A E I E S I H E R
I V L D T W J F Q N Q K Q C N R R E J O I C E X N G U V D
X J Y J R I F V Z M S W A P D T V Z F E R E B I L N P E J
L X L L I Q B B L U N T G T U A Q C R S R D O T M I S Q M
K M X I O M Q O F O X P N U P L H I A X W Z G Y I F Y P E
K M R J U X D S V N O F H F U B E M I B Y G W K Z I A E F
H M O G S E C S I U V C D N I G Q J L D X P W C A E T V Q
Y X N J B M I I A H M K F J N K C M U O K D H H N D T V N
S E L H P C V K W O U I N D I G N A N T L Y Z H J R E N P
P O S Y S X F F G O L L Q Q V F B M B N V B U H X B N S E
E T L X P G G U L F K L H F A F O U O Y S H H C I H D G N
C G V L R E G R E T D W B Y Q R U V I D L E N M R K H L C
T B I W U B H R E T O R T F L D N V E H K Z C S A S O A W
A O L I T A W K W A R D P Q S L D U N P Q H U W J E I R J
C L T R E M A R K A B L E B E C K O N E R B Z N N P O E A
L H B V S O R B K D J U S T E E P T J H P W O B S K T L W
E T X G Z M V F G Z H E E D L E S S Y Z M K J D C N E C P
S I M F K A X F D C C O M W T T F H R A V J B T W J H V H
M W Q U H N Z K E Z Q M K T C Q S O R R O W R T L F L C L
```

astonish	dignified	idle	regret	spectacles
attend	fragrance	indignantly	rejoice	steep
awkward	frail	industrious	remarkable	stride
beckon	glare	mar	retort	tint
blunt	gulf	perplexity	shrill	toil
bound	harness	portal	snarl	unbearable
despair	heedless	reflection	sorrow	wistfully

"The Wonderful Wizard of Oz" Vocabulary Chapters 6-10 Spelling
Practice writing each word twice in the space provided

astonish		
attend		
awkward		
beckon		
blunt		
bound		
despair		
dignified		
fragrance		
frail		
glare		
gulf		
harness		
heedless		
idle		
indignantly		
industrious		
mar		
perplexity		
portal		

"The Wonderful Wizard of Oz" Vocabulary Chapters 6-10 **Spelling**
Practice writing each word twice in the space provided

reflection		
regret		
rejoice		
remarkable		
retort		
shrill		
snarl		
sorrow		
spectacles		
steep		
stride		
tint		
toil		
unbearable		
wistfully		

"The Wonderful Wizard of Oz" Vocabulary Chapters 6-10 Flash Cards

astonish	affect with wonder
attend	work for or be a servant to
awkward	lacking grace or skill in manner or movement or performance
beckon	appear inviting

"The Wonderful Wizard of Oz" Vocabulary Chapters 6-10 Flash Cards

blunt	make less sharp
bound	move forward by leaping
despair	abandon hope; lose heart
dignified	formal or stately in bearing or appearance

"The Wonderful Wizard of Oz" Vocabulary Chapters 6-10 Flash Cards

fragrance	a distinctive odor that is pleasant
frail	easily broken or damaged or destroyed
glare	a light that is brighter than what the eyes are adapted to
gulf	a deep wide chasm

"The Wonderful Wizard of Oz" Vocabulary Chapters 6-10 Flash Cards

harness	put on leather straps fitted to a draft animal
heedless	marked by or paying little attention
idle	silly or trivial
indignantly	in a manner showing anger at something unjust or wrong

"The Wonderful Wizard of Oz" Vocabulary Chapters 6-10 Flash Cards

industrious	characterized by hard work and perseverance
mar	cause to become imperfect
perplexity	trouble or confusion resulting from complexity
portal	a grand and imposing entrance

"The Wonderful Wizard of Oz" Vocabulary Chapters 6-10 Flash Cards

reflection	a calm, lengthy, intent consideration
regret	sadness associated with some wrong or disappointment
rejoice	feel happiness
remarkable	unusual or striking

"The Wonderful Wizard of Oz" Vocabulary Chapters 6-10 Flash Cards

retort	answer back
shrill	having or emitting a high-pitched and sharp tone or tones
snarl	make an angry, sharp, or abrupt noise
sorrow	something that causes great unhappiness

"The Wonderful Wizard of Oz" Vocabulary Chapters 6-10 Flash Cards

spectacles	eyeglasses
steep	set at a high angle (of a slope)
stride	a step in walking or running
tint	a variation or slightly different shade of a color

"The Wonderful Wizard of Oz" Vocabulary Chapters 6-10 Flash Cards

toil	work hard
unbearable	incapable of being put up with
wistfully	in a pensively sad manner

"The Wonderful Wizard of Oz" Vocabulary Chapters 6-10 Flash Cards

"The Wonderful Wizard of Oz" Vocabulary Chapters 6-10 Bingo

astonish	dignified	idle	regret	spectacles
attend	fragrance	indignantly	rejoice	steep
awkward	frail	industrious	remarkable	stride
beckon	glare	mar	retort	tint
blunt	gulf	perplexity	shrill	toil
bound	harness	portal	snarl	unbearable
despair	heedless	reflection	sorrow	wistfully

B I N G O

(5x5 Bingo grid with "Free" space in center)

Included:

1. **Bingo Card:** The activity involves providing students with a list of words that they will use to create their own personalized Bingo card. This interactive exercise encourages creativity and critical thinking as students strategically arrange the words on their card. By engaging in this activity, students can enhance their vocabulary, pattern recognition, and problem-solving skills. Additionally, it promotes social interaction and friendly competition among peers. Overall, this activity is a fun and educational way for students to actively participate in learning.

2. **Vocabulary Words with Definitions:** Begin by familiarizing yourself with a curated list of vocabulary words paired with their definitions. This section offers clear, concise explanations to help you understand and remember each term effectively.

3. **Vocabulary Words with Space for Definitions:** Test your understanding by writing your own definitions for a list of vocabulary words. This hands-on practice encourages active learning and helps you internalize each word's meaning.

4. **Vocabulary Definitions with Space to Write the Term:** Challenge yourself by matching definitions with the correct vocabulary words. This exercise helps reinforce your recall and application of the terms based on their meanings.

"The Wonderful Wizard of Oz" Vocabulary Chapters 6-10
Using 24 of the 35 words listed below create your own Bingo card.

astonish	dignified	idle	regret	spectacles
attend	fragrance	indignantly	rejoice	steep
awkward	frail	industrious	remarkable	stride
beckon	glare	mar	retort	tint
blunt	gulf	perplexity	shrill	toil
bound	harness	portal	snarl	unbearable
despair	heedless	reflection	sorrow	wistfully

B I N G O

		Free		

"The Wonderful Wizard of Oz" Vocabulary Chapters 6-10
Using the 35 words listed below create your own Bingo card.

astonish	beckon	gulf
attend	blunt	harness
awkward	despair	indignantly
bound	fragrance	industrious
dignified	glare	portal
frail	idle	rejoice
heedless	perplexity	retort
mar	reflection	snarl
regret	remarkable	steep
shrill	sorrow	toil
spectacles	stride	wistfully
tint	unbearable	

"The Wonderful Wizard of Oz" Chapters 6-10 Part A Bundle

astonish	bound	industrious	retort	stride
awkward	despair	mar	snarl	toil
beckon	gulf	regret	sorrow	unbearable
blunt	heedless	remarkable	steep	wistfully

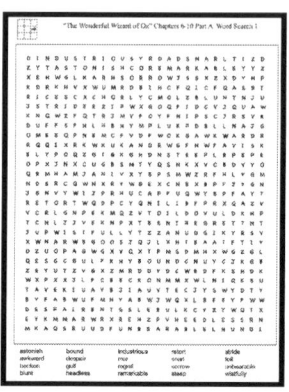

Included:

1. **Vocabulary Words with Definitions:** Begin by familiarizing yourself with a curated list of vocabulary words paired with their definitions. This section offers clear, concise explanations to help you understand and remember each term effectively.
2. **Vocabulary Words with Space for Definitions:** Test your understanding by writing your own definitions for a list of vocabulary words. This hands-on practice encourages active learning and helps you internalize each word's meaning.
3. **Vocabulary Definitions with Space to Write the Term:** Challenge yourself by matching definitions with the correct vocabulary words. This exercise helps reinforce your recall and application of the terms based on their meanings.
4. **Matching Assignments:** Connect terms with their correct definitions to strengthen your word association skills.
5. **Crosswords**: Enjoy a classic puzzle format that challenges you to recall and apply vocabulary in a fun way. To differentiate two versions of each crossword are provided, one with a word list and one without.
6. **Word Searches:** Enjoy finding vocabulary words hidden in a variety of word search puzzles. This fun activity boosts word recognition and spelling skills while offering a break from more traditional exercises.
7. **Spelling Practice:** Sharpen your spelling skills with targeted exercises designed to reinforce the correct spelling of vocabulary words. Practice writing words multiple times to improve accuracy and memory.
8. 20 **Flash Cards:** Enhance your retention with a set of printable flash cards. Each card presents a vocabulary word on one side and its definition on the other, perfect for quick reviews and self-assessment.

"The Wonderful Wizard of Oz" Chapters 6-10 Part A Term & Definition

astonish	affect with wonder
awkward	lacking grace or skill in manner or movement or performance
beckon	appear inviting
blunt	make less sharp
bound	move forward by leaping
despair	abandon hope; lose heart
gulf	a deep wide chasm
heedless	marked by or paying little attention
industrious	characterized by hard work and perseverance
mar	cause to become imperfect
regret	sadness associated with some wrong or disappointment
remarkable	unusual or striking
retort	answer back
snarl	make an angry, sharp, or abrupt noise
sorrow	something that causes great unhappiness
steep	set at a high angle (of a slope)
stride	a step in walking or running
toil	work hard
unbearable	incapable of being put up with
wistfully	in a pensively sad manner

"The Wonderful Wizard of Oz" Chapters 6-10 Part A Vocabulary

astonish	
awkward	
beckon	
blunt	
bound	
despair	
gulf	
heedless	
industrious	
mar	
regret	
remarkable	
retort	
snarl	
sorrow	
steep	
stride	
toil	
unbearable	
wistfully	

"The Wonderful Wizard of Oz" Chapters 6-10 Part A Definitions

work hard	
unusual or striking	
something that causes great unhappiness	
set at a high angle (of a slope)	
sadness associated with some wrong or disappointment	
move forward by leaping	
marked by or paying little attention	
make less sharp	
make an angry, sharp, or abrupt noise	
lacking grace or skill in manner or movement or performance	
incapable of being put up with	
in a pensively sad manner	
characterized by hard work and perseverance	
cause to become imperfect	
appear inviting	
answer back	
affect with wonder	
abandon hope; lose heart	
a step in walking or running	
a deep wide chasm	

"The Wonderful Wizard of Oz" Chapters 6-10 Part A Definitions

work hard	toil
unusual or striking	remarkable
something that causes great unhappiness	sorrow
set at a high angle (of a slope)	steep
sadness associated with some wrong or disappointment	regret
move forward by leaping	bound
marked by or paying little attention	heedless
make less sharp	blunt
make an angry, sharp, or abrupt noise	snarl
lacking grace or skill in manner or movement or performance	awkward
incapable of being put up with	unbearable
in a pensively sad manner	wistfully
characterized by hard work and perseverance	industrious
cause to become imperfect	mar
appear inviting	beckon
answer back	retort
affect with wonder	astonish
abandon hope; lose heart	despair
a step in walking or running	stride
a deep wide chasm	gulf

"The Wonderful Wizard of Oz" Chapters 6-10 Part A Matching

1	astonish		A	unusual or striking
2	awkward		B	incapable of being put up with
3	beckon		C	move forward by leaping
4	blunt		D	make an angry, sharp, or abrupt noise
5	bound		E	characterized by hard work and perseverance
6	despair		F	appear inviting
7	gulf		G	lacking grace or skill in manner or movement or performance
8	heedless		H	sadness associated with some wrong or disappointment
9	industrious		I	set at a high angle (of a slope)
10	mar		J	a step in walking or running
11	regret		K	work hard
12	remarkable		L	something that causes great unhappiness
13	retort		M	marked by or paying little attention
14	snarl		N	make less sharp
15	sorrow		O	cause to become imperfect
16	steep		P	a deep wide chasm
17	stride		Q	affect with wonder
18	toil		R	answer back
19	unbearable		S	abandon hope; lose heart
20	wistfully		T	in a pensively sad manner

"The Wonderful Wizard of Oz" Chapters 6-10 Part A Matching

1	astonish	Q	A	unusual or striking
2	awkward	G	B	incapable of being put up with
3	beckon	F	C	move forward by leaping
4	blunt	N	D	make an angry, sharp, or abrupt noise
5	bound	C	E	characterized by hard work and perseverance
6	despair	S	F	appear inviting
7	gulf	P	G	lacking grace or skill in manner or movement or performance
8	heedless	M	H	sadness associated with some wrong or disappointment
9	industrious	E	I	set at a high angle (of a slope)
10	mar	O	J	a step in walking or running
11	regret	H	K	work hard
12	remarkable	A	L	something that causes great unhappiness
13	retort	R	M	marked by or paying little attention
14	snarl	D	N	make less sharp
15	sorrow	L	O	cause to become imperfect
16	steep	I	P	a deep wide chasm
17	stride	J	Q	affect with wonder
18	toil	K	R	answer back
19	unbearable	B	S	abandon hope; lose heart
20	wistfully	T	T	in a pensively sad manner

"The Wonderful Wizard of Oz" Chapters 6-10 Part A Crossword

"The Wonderful Wizard of Oz" Chapters 6-10 Part A Crossword

Across	Down
3. unusual or striking	1. something that causes great unhappiness
6. incapable of being put up with	2. marked by or paying little attention
8. make less sharp	4. move forward by leaping
9. cause to become imperfect	5. make an angry, sharp, or abrupt noise
11. a deep wide chasm	7. characterized by hard work and perseverance
13. affect with wonder	8. appear inviting
16. answer back	10. lacking grace or skill in manner or movement or performance
18. abandon hope; lose heart	12. sadness associated with some wrong or disappointment
19. in a pensively sad manner	14. set at a high angle (of a slope)
	15. a step in walking or running
	17. work hard

"The Wonderful Wizard of Oz" Chapters 6-10 Part A Crossword

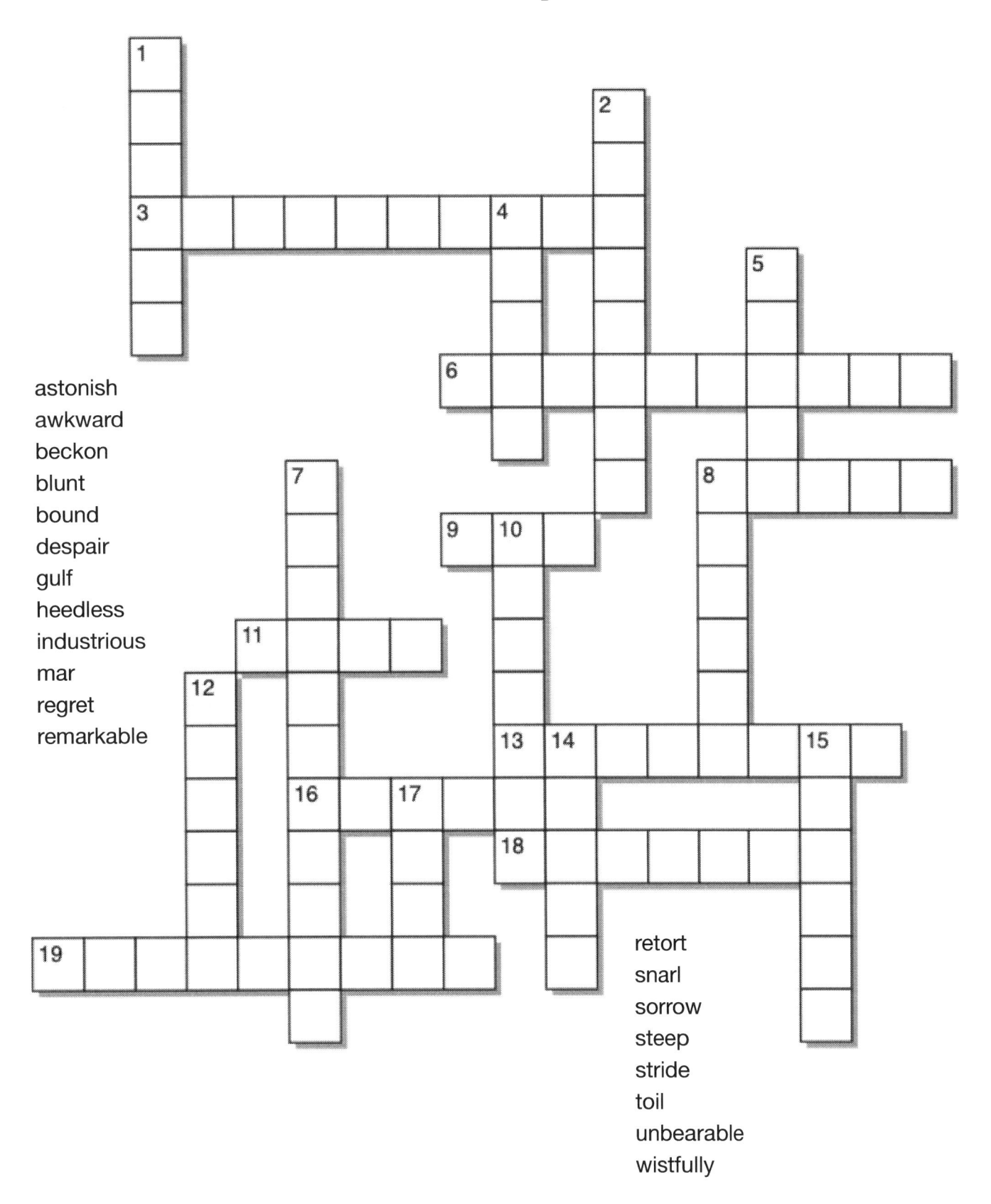

astonish
awkward
beckon
blunt
bound
despair
gulf
heedless
industrious
mar
regret
remarkable

retort
snarl
sorrow
steep
stride
toil
unbearable
wistfully

"The Wonderful Wizard of Oz" Chapters 6-10 Part A Crossword

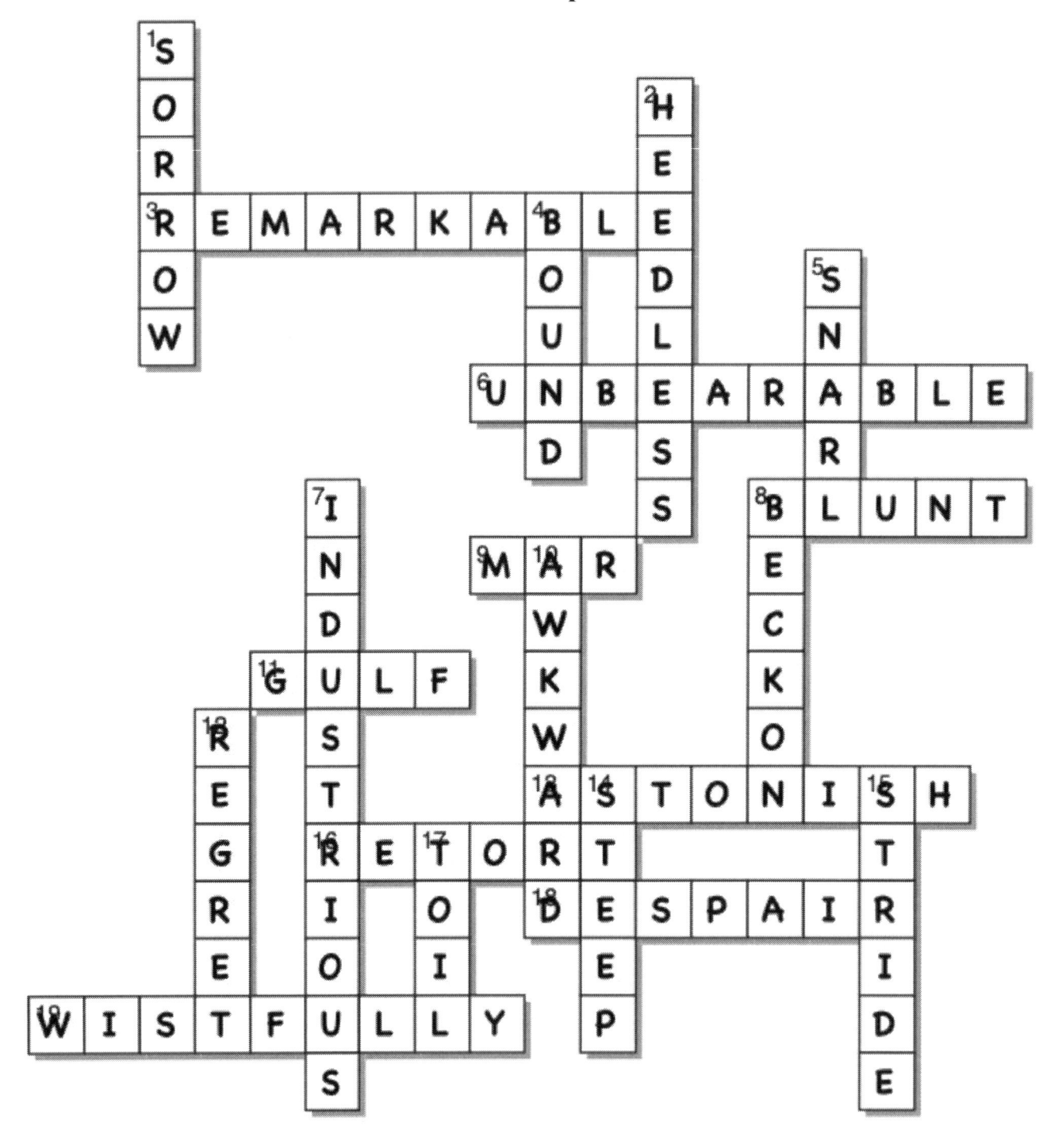

Across:
3. REMARKABLE
6. UNBEARABLE
8. BLUNT
9. MAR
11. GULF
13. ASTONISH
16. RETORT
18. DESPAIR
19. WISTFULLY

Down:
1. SORROW
2. HEEDLESS
4. BOUNDS
5. SNARR
7. INDUSTRIOUS
8. BECKON
10. AWKWARD
12. REGRET
14. STEEP
15. STRIDE
17. TOIS

"The Wonderful Wizard of Oz" Chapters 6-10 Part A Word Search 1

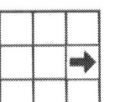

```
D I N D U S T R I O U S Y R D A D S N A R L T I Z D
Z Y T A S T O N I S H C O R E M A R K A B L E Y Y Z
X E H W G L K A R H S O R R O W J S S X Z D Y H P
K D R K H V X W U M R D B I H C F Q I C F Q A S B I
R I C E S C X C H Q R L C M O L Z B L U N T N J U
J S T R I D E E Z I P W X G O Q F I D C V J Q U A W
K N Q W Z F Q T R J M V F O Y F N I P S C J R S V K
D U F F S F H L H B H Y M P L U K P D B L L N A J G
O M E E Q P N E M C F V D F W O K G A W K W A R D R
R Q Q I X R K W K U K A N D R W G F N W F A V I S K
E L Y P O Q Z G T G K G H D N S T E E P L B P E P E
O P X J N X C U G B S M T Y Q S N K X V C B D V Y O
Q B M H A M J A N I V X Y S P S M W Z R F H L Y G M
N D S R C Q W N X R Y W G E X C N B X B P F J Y G N
J G N V Y W I J P R H U C A P F U Q W Y S P F A Y T
R E T O R T W Q D P C Y Q N I L I B F P R X Q A Z V
V C R L G N P E K M Q Z V T O I L D O V U L D K H P
T C N L J J V E K N P X T B S N I R E G R E T T N T
J U P W I S T F U L L Y T Z Z A N U D G I K Y R S V
X W N A R W B G O O S J Q J L X H T B A A T F T I Y
O Z U O P A G W G X V Q X T P M S D M H X W G Z G L
Q E S G C G U L F K H Y B O U N D C N U Y C J K G B
Z E Y U T Z V G X Z M R D D Y D C W B D F K S H D K
W X P X X J L F C B E C K O N M M X W L N I Q K S U
T A V E K I U A Y B J I A U V T E C J S W Y D T Y
B Y F A B W U F M H Y A B W J W Q X L B E E Y W W
D E S P A I R B N T G S L E B U L K C Y Z Y W Q T X
E Y K M M A R W R X R E H Z P V H E E D L E S S R N
M K A Q S R U U D F U N B E A R A B L E L H U N D I
```

"The Wonderful Wizard of Oz" Chapters 6-10 Part A Word Search 1

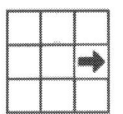

```
D I N D U S T R I O U S Y R D A D S N A R L T I Z D
Z Y T A S T O N I S H C O R E M A R K A B L E Y Y Z
X E H W G L K A R H S O R R O W J S S X Z X D Y H P
K D R K H V X W U M R D B I H C F Q I C F Q A S B I
R I C E S C X C H Q R L Y C M O L Z B L U N T N J U
J S T R I D E E Z I P W X G O Q F I D C V J Q U A W
K N Q W Z F Q T R J M V F O Y F N I P S C J R S V K
D U F F S F H L H B H Y M P L U K P D B L L N A J G
O M E E Q P N E M C F V D F W O K G A W K W A R D R
R Q Q I X R K W K U K A N D R W G F N W F A V I S K
E L Y P O Q Z G T G K G H D N S T E E P L B P E P E
O P X J N X C U G B S M T Y Q S N K X V C B D V Y O
Q B M H A M J A N I V X Y S P S M W Z R F H L Y G M
N D S R C Q W N X R Y W G E X C N B X B P F J Y G N
J G N V Y W I J P R H U C A P F U Q W Y S P F A Y T
R E T O R T W Q D P C Y Q N I L I B F P R X Q A Z V
V C R L G N P E K M Q Z V T O I L D O V U L D K H P
T C N L J J V E K N P X T B S N I R E G R E T T N T
J U P W I S T F U L L Y T Z Z A N U D G I K Y R S V
X W N A R W B G O O S J Q J L X H T B A A T F T I Y
O Z U O P A G W G X V Q X T P M S D M H X W G Z G L
Q E S G C G U L F K H Y B O U N D C N U Y C J K G B
Z E Y U T Z V G X Z M R D D Y D C W B D F K S H D K
W X P X X J L F C B E C K O N M M X W L N I Q K S U
T A V E K I U A Y B J I A U V T E C J Y S W Y D T Y
B Y F A B W U F M H Y A B W J W Q X L B E E Y F W W
D E S P A I R B N T G S L E B U L K C Y Z Y W Q T X
E Y K M M A R W R X R E H Z P V H E E D L E S S R N
M K A Q S R U U D F U N B E A R A B L E L H U N D I
```

astonish	bound	industrious	retort	stride
awkward	despair	mar	snarl	toil
beckon	gulf	regret	sorrow	unbearable
blunt	heedless	remarkable	steep	wistfully

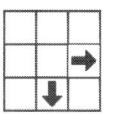

"The Wonderful Wizard of Oz" Chapters 6-10 Part A Word Search 2

```
B L B I K H V I G L N J O B T Z N F P N V K U L P C
N F B H G E A J T V N M P J K H G T N O G S P S P E
T B G J I E N M K V A E L P F H B T U I J T Z K R N
Y W W A C D R F T L T S B B P D C A Y A B E Y Y E C
J J G W H L E B V P M V Z D K O M O D B W E N C B S
S D U K G E M Q W O P B X O F V B U A V I P B E Y L
I H L W C S A G O N G E J G B R R Q P R S I E Q A Z
H E F A J S R Z L S K P I R T J O T J R Y U C P L Q
H B R R K O K S U J B Z K V V U B F Z C E X K M B R
P I Z D M Q A P E S R A B H A N M Q C I O R O L O H
X Q I B T U B E J I D K Q A B B O A N A M N N P U C
S B F L L O L I I E V A M W T E Z G C Z Z G F U N K
X T I U G V E Z H V C L H Y S A E V O P D C S U D Y
D T C N A X L T P S X C S I X R O H M L N Z M M Z P
L L E T T J C Z K X S F I T K A D P W R T A A D C X
V S O F Q W C A L L E P Y D C B G P I F K Y R H S O
B M U Q D K D E S P A I R R P L G X S V O D N R E U
O S R B L G L H R U Q M I F N E X F T C P C S E F E
Y O L J B F J D F W T U M J J S M F F R M M K T W I
V R A B J I R N A W O B S C K S B F U E C A Q O T Q
M R P H W A S T O N I S H H L R H E L G E X V R J G
R O M Y V P G B H C N Z A M S S B V L R I N X T S N
X W A C P N Q M X S M D B N K I T G Y E Z W U K Y C
L D P J G F H P Z T L O M O V R R Q L T F K X F X D
H S N A R L G F Q Y T X P Y O R P V L K X K O G M K
Z U J A E I N D U S T R I O U S F B Z E N O C U T U
E V N S Q Y V C F E D B X I J B W W N Z V A G L B
U V L U A A X E V E U S L L I T W N J B N B W Q O E
B S O P S T R I D E D K Z Q G G X I T O I L R G C P
```

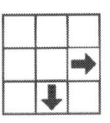

"The Wonderful Wizard of Oz" Chapters 6-10 Part A Word Search 2

```
B L B I K H V I G L N J O B T Z N F P N V K U L P C
N F B H G E A J T V N M P J K H G T N O G S P S P E
T B G J I E N M K V A E L P F H B T U I J T Z K R N
Y W W A C D R F T L T S B B P D C A Y A B E Y Y E C
J J G W H L E B V P M V Z D K O M O D B W E N C B S
S D U K G E M Q W O P B X O F V B U A V I P B E Y L
I H L W C S A G O N G E J G B R R Q P R S I E Q A Z
H E F A J S R Z L S K P I R T J O T J R Y U C P L Q
H B R R K O K S U J B Z K V V U B F Z C E X K M B R
P I Z D M Q A P E S R A B H A N M Q C I O R O L O H
X Q I B T U B E J I D K Q A B B O A N A M N N P U C
S B F L L O L I I E V A M W T E Z G C Z Z G F U N K
X T I U G V E Z H V C L H Y S A E V O P D C S U D Y
D T C N A X L T P S X C S I X R O H M L N Z M M Z P
L L E T T J C Z K X S F I T K A D P W R T A A D C X
V S O F Q W C A L L E P Y D C B G P I F K Y R H S O
B M U Q D K D E S P A I R R P L G X S V O D N R E U
O S R B L G L H R U Q M I F N E X F T C P C S E F E
Y O L J B F J D F W T U M J J S M F F R M M K T W I
V R A B J I R N A W O B S C K S B F U E C A Q O T Q
M R P H W A S T O N I S H H L R H E L G E X V R J G
R O M Y V P G B H C N Z A M S S B V L R I N X T S N
X W A C P N Q M X S M D B N K I T G Y E Z W U K Y C
L D P J G F H P Z T L O M O V R R Q L T F K X F X D
H S N A R L G F Q Y T X P Y O R P V L K X K O G M K
Z U J A E I N D U S T R I O U S F B Z E N O C U T U
E V N S Q Y V C F E D B X I J D B W W N Z V A G L B
U V L U A A X E V E U S L L I T W N J B N B W Q O E
B S O P S T R I D E D K Z Q G G X I T O I L R G C P
```

astonish	bound	industrious	retort	stride
awkward	despair	mar	snarl	toil
beckon	gulf	regret	sorrow	unbearable
blunt	heedless	remarkable	steep	wistfully

"The Wonderful Wizard of Oz" Chapters 6-10 Part A **Spelling**
Practice writing each word twice in the space provided

astonish		
awkward		
beckon		
blunt		
bound		
despair		
gulf		
heedless		
industrious		
mar		
regret		
remarkable		
retort		
snarl		
sorrow		
steep		
stride		
toil		
unbearable		
wistfully		

"The Wonderful Wizard of Oz" Chapters 6-10 Part A Flash Cards

astonish	affect with wonder
awkward	lacking grace or skill in manner or movement or performance
beckon	appear inviting
blunt	make less sharp

"The Wonderful Wizard of Oz" Chapters 6-10 Part A Flash Cards

bound	move forward by leaping
despair	abandon hope; lose heart
gulf	a deep wide chasm
heedless	marked by or paying little attention

"The Wonderful Wizard of Oz" Chapters 6-10 Part A Flash Cards

industrious	characterized by hard work and perseverance
mar	cause to become imperfect
regret	sadness associated with some wrong or disappointment
remarkable	unusual or striking

"The Wonderful Wizard of Oz" Chapters 6-10 Part A Flash Cards

retort	answer back
snarl	make an angry, sharp, or abrupt noise
sorrow	something that causes great unhappiness
steep	set at a high angle (of a slope)

"The Wonderful Wizard of Oz" Chapters 6-10 Part A Flash Cards

stride	a step in walking or running
toil	work hard
unbearable	incapable of being put up with
wistfully	in a pensively sad manner

"The Wonderful Wizard of Oz" Chapters 6-10 Part A Flash Cards

"The Wonderful Wizard of Oz" Chapters 6-10 Part A Bingo

	B	I	N	G	O
		Free			
				Free	
			Free		
	Free				
					Free

Included:
1. **Bingo Card:-**The activity involves providing students with a list of words that they will use to create their own personalized Bingo card. This interactive exercise encourages creativity and critical thinking as students strategically arrange the words on their card. By engaging in this activity, students can enhance their vocabulary, pattern recognition, and problem-solving skills. Additionally, it promotes social interaction and friendly competition among peers. Overall, this activity is a fun and educational way for students to actively participate in learning.
2. **Vocabulary Words with Definitions:** Begin by familiarizing yourself with a curated list of vocabulary words paired with their definitions. This section offers clear, concise explanations to help you understand and remember each term effectively.
3. **Vocabulary Words with Space for Definitions:** Test your understanding by writing your own definitions for a list of vocabulary words. This hands-on practice encourages active learning and helps you internalize each word's meaning.
4. **Vocabulary Definitions with Space to Write the Term:** Challenge yourself by matching definitions with the correct vocabulary words. This exercise helps reinforce your recall and application of the terms based on their meanings.

"The Wonderful Wizard of Oz" Chapters 6-10 Part A Bingo
Using the 20 words listed below create your own Bingo card.

astonish	bound	industrious	retort	stride
awkward	despair	mar	snarl	toil
beckon	gulf	regret	sorrow	unbearable
blunt	heedless	remarkable	steep	wistfully

B   I   N   G   O

	Free			
			Free	
		Free		
Free				
				Free

"The Wonderful Wizard of Oz" Chapters 6-10 Part A
Using the 20 words listed below create your own Bingo card.

astonish	bound	snarl
awkward	despair	steep
beckon	heedless	stride
blunt	mar	toil
gulf	regret	unbearable
industrious	retort	wistfully
remarkable	sorrow	

"The Wonderful Wizard of Oz" Chapters 6-10 Part B Bundle

attend	frail	idle	portal	shrill
dignified	glare	indignantly	reflection	spectacles
fragrance	harness	perplexity	rejoice	tint

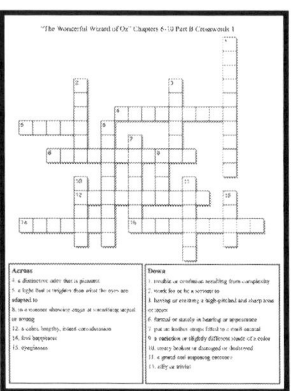

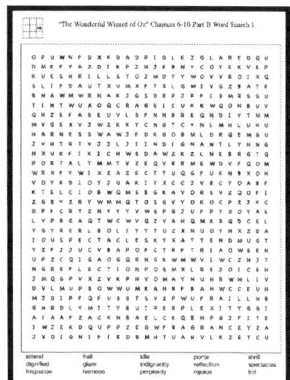

Included:

1. **Vocabulary Words with Definitions:** Begin by familiarizing yourself with a curated list of vocabulary words paired with their definitions. This section offers clear, concise explanations to help you understand and remember each term effectively.
2. **Vocabulary Words with Space for Definitions:** Test your understanding by writing your own definitions for a list of vocabulary words. This hands-on practice encourages active learning and helps you internalize each word's meaning.
3. **Vocabulary Definitions with Space to Write the Term:** Challenge yourself by matching definitions with the correct vocabulary words. This exercise helps reinforce your recall and application of the terms based on their meanings.
4. **Matching Assignments:** Connect terms with their correct definitions to strengthen your word association skills.
5. **Crosswords**: Enjoy a classic puzzle format that challenges you to recall and apply vocabulary in a fun way. To differentiate two versions of each crossword are provided, one with a word list and one without.
6. **Word Searches:** Enjoy finding vocabulary words hidden in a variety of word search puzzles. This fun activity boosts word recognition and spelling skills while offering a break from more traditional exercises.
7. **Spelling Practice:** Sharpen your spelling skills with targeted exercises designed to reinforce the correct spelling of vocabulary words. Practice writing words multiple times to improve accuracy and memory.
8. **Flash Cards:** Enhance your retention with a set of printable flash cards. Each card presents a vocabulary word on one side and its definition on the other, perfect for quick reviews and self-assessment.

"The Wonderful Wizard of Oz" Chapters 6-10 Part B Terms & Definitions

attend	work for or be a servant to
dignified	formal or stately in bearing or appearance
fragrance	a distinctive odor that is pleasant
frail	easily broken or damaged or destroyed
glare	a light that is brighter than what the eyes are adapted to
harness	put on leather straps fitted to a draft animal
idle	silly or trivial
indignantly	in a manner showing anger at something unjust or wrong
perplexity	trouble or confusion resulting from complexity
portal	a grand and imposing entrance
reflection	a calm, lengthy, intent consideration
rejoice	feel happiness
shrill	having or emitting a high-pitched and sharp tone or tones
spectacles	eyeglasses
tint	a variation or slightly different shade of a color

"The Wonderful Wizard of Oz" Chapters 6-10 Part B Terms

attend	
dignified	
fragrance	
frail	
glare	
harness	
idle	
indignantly	
perplexity	
portal	
reflection	
rejoice	
shrill	
spectacles	
tint	

"The Wonderful Wizard of Oz" Chapters 6-10 Part B Definitions

work for or be a servant to	
trouble or confusion resulting from complexity	
silly or trivial	
put on leather straps fitted to a draft animal	
in a manner showing anger at something unjust or wrong	
having or emitting a high-pitched and sharp tone or tones	
formal or stately in bearing or appearance	
feel happiness	
eyeglasses	
easily broken or damaged or destroyed	
a variation or slightly different shade of a color	
a light that is brighter than what the eyes are adapted to	
a grand and imposing entrance	
a distinctive odor that is pleasant	
a calm, lengthy, intent consideration	

"The Wonderful Wizard of Oz" Chapters 6-10 Part B Definitions

work for or be a servant to	attend
trouble or confusion resulting from complexity	perplexity
silly or trivial	idle
put on leather straps fitted to a draft animal	harness
in a manner showing anger at something unjust or wrong	indignantly
having or emitting a high-pitched and sharp tone or tones	shrill
formal or stately in bearing or appearance	dignified
feel happiness	rejoice
eyeglasses	spectacles
easily broken or damaged or destroyed	frail
a variation or slightly different shade of a color	tint
a light that is brighter than what the eyes are adapted to	glare
a grand and imposing entrance	portal
a distinctive odor that is pleasant	fragrance
a calm, lengthy, intent consideration	reflection

"The Wonderful Wizard of Oz" Chapters 6-10 Part B Matching 1

1	attend		A	a distinctive odor that is pleasant
2	dignified		B	a light that is brighter than what the eyes are adapted to
3	fragrance		C	in a manner showing anger at something unjust or wrong
4	frail		D	formal or stately in bearing or appearance
5	glare		E	put on leather straps fitted to a draft animal
6	harness		F	a variation or slightly different shade of a color
7	idle		G	easily broken or damaged or destroyed
8	indignantly		H	a grand and imposing entrance
9	perplexity		I	silly or trivial
10	portal		J	trouble or confusion resulting from complexity
11	reflection		K	work for or be a servant to
12	rejoice		L	having or emitting a high-pitched and sharp tone or tones
13	shrill		M	a calm, lengthy, intent consideration
14	spectacles		N	feel happiness
15	tint		O	eyeglasses

"The Wonderful Wizard of Oz" Chapters 6-10 Part B Matching 1

1	attend	K	A	a distinctive odor that is pleasant
2	dignified	D	B	a light that is brighter than what the eyes are adapted to
3	fragrance	A	C	in a manner showing anger at something unjust or wrong
4	frail	G	D	formal or stately in bearing or appearance
5	glare	B	E	put on leather straps fitted to a draft animal
6	harness	E	F	a variation or slightly different shade of a color
7	idle	I	G	easily broken or damaged or destroyed
8	indignantly	C	H	a grand and imposing entrance
9	perplexity	J	I	silly or trivial
10	portal	H	J	trouble or confusion resulting from complexity
11	reflection	M	K	work for or be a servant to
12	rejoice	N	L	having or emitting a high-pitched and sharp tone or tones
13	shrill	L	M	a calm, lengthy, intent consideration
14	spectacles	O	N	feel happiness
15	tint	F	O	eyeglasses

"The Wonderful Wizard of Oz" Chapters 6-10 Part B Crosswords 1

Across
4. a distinctive odor that is pleasant
5. a light that is brighter than what the eyes are adapted to
8. in a manner showing anger at something unjust or wrong
12. a calm, lengthy, intent consideration
14. feel happiness
15. eyeglasses

Down
1. trouble or confusion resulting from complexity
2. work for or be a servant to
3. having or emitting a high-pitched and sharp tone or tones
6. formal or stately in bearing or appearance
7. put on leather straps fitted to a draft animal
9. a variation or slightly different shade of a color
10. easily broken or damaged or destroyed
11. a grand and imposing entrance
13. silly or trivial

"The Wonderful Wizard of Oz" Chapters 6-10 Part B Crosswords 1

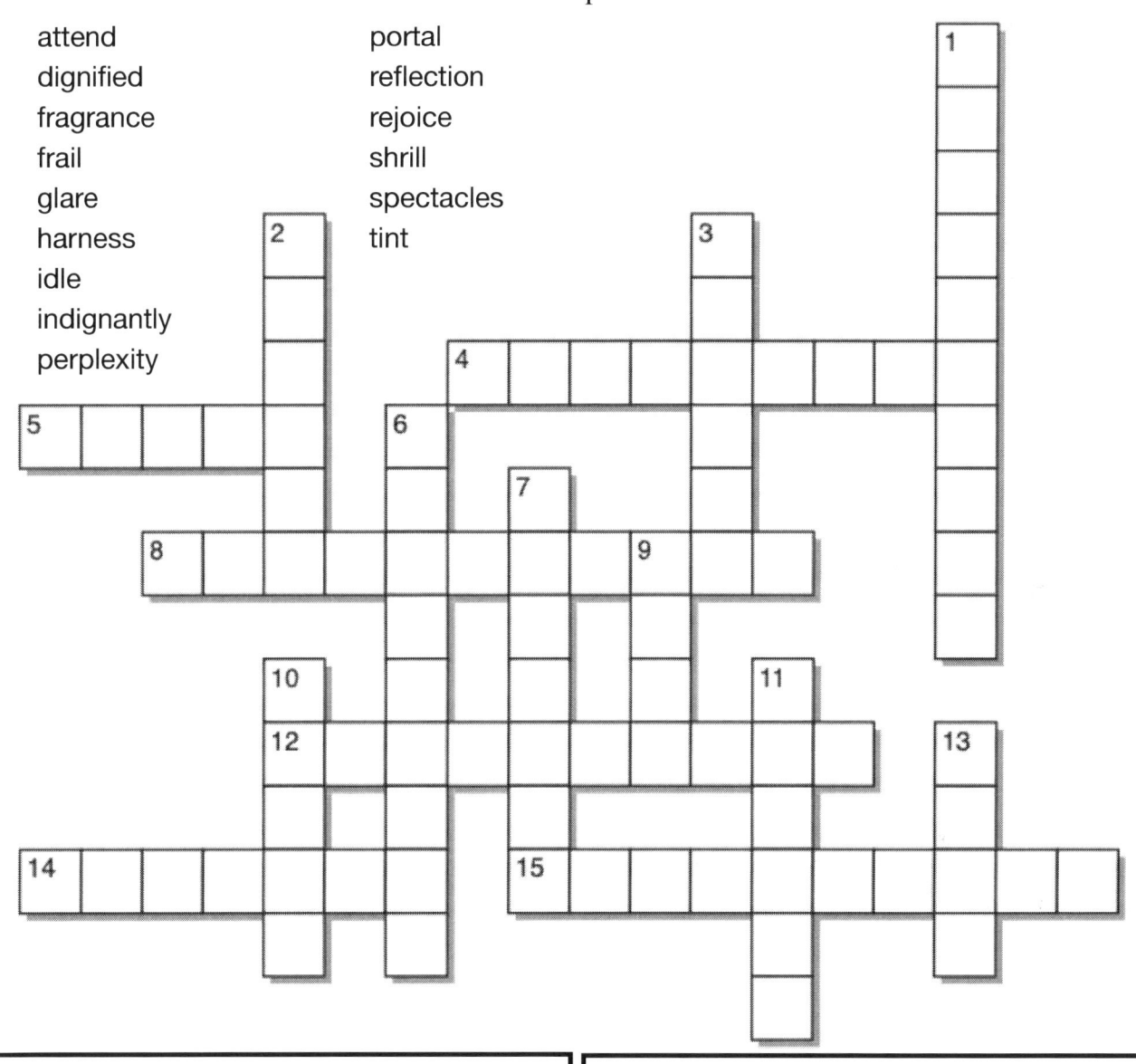

attend
dignified
fragrance
frail
glare
harness
idle
indignantly
perplexity
portal
reflection
rejoice
shrill
spectacles
tint

Across
4. a distinctive odor that is pleasant
5. a light that is brighter than what the eyes are adapted to
8. in a manner showing anger at something unjust or wrong
12. a calm, lengthy, intent consideration
14. feel happiness
15. eyeglasses

Down
1. trouble or confusion resulting from complexity
2. work for or be a servant to
3. having or emitting a high-pitched and sharp tone or tones
6. formal or stately in bearing or appearance
7. put on leather straps fitted to a draft animal
9. a variation or slightly different shade of a color
10. easily broken or damaged or destroyed
11. a grand and imposing entrance
13. silly or trivial

"The Wonderful Wizard of Oz" Chapters 6-10 Part B Crossword

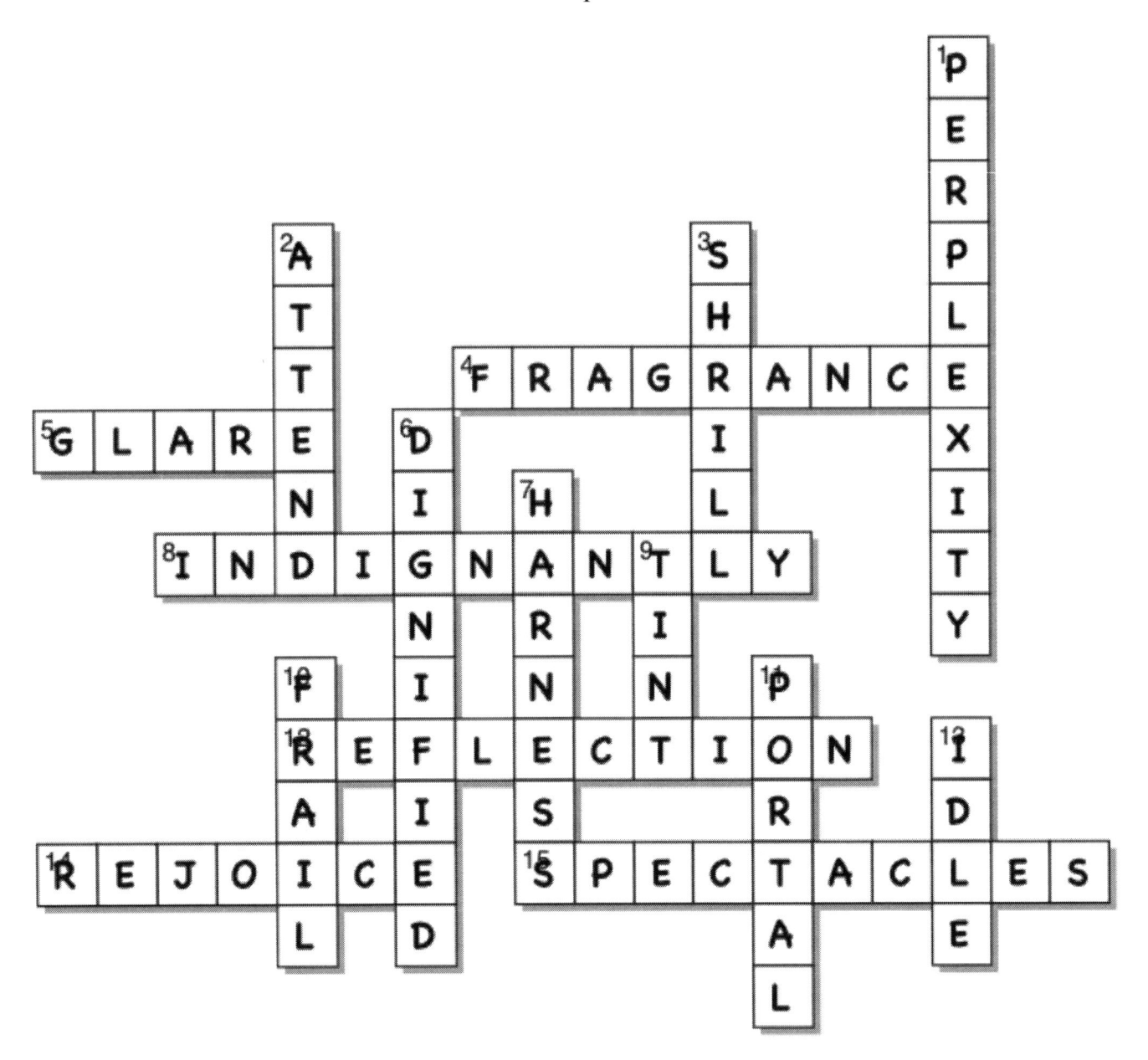

Across:
- 4. FRAGRANCE
- 5. GLARE
- 8. INDIGNANT
- 13. REFLECTION
- 14. REJOICED
- 15. SPECTACLES

Down:
- 1. PERPLEXITY
- 2. ATTENTION
- 3. SHRILL
- 6. DINING
- 7. HARNESS
- 9. TINY
- 10. FRAIL
- 11. PORTAL
- 12. IDLE

"The Wonderful Wizard of Oz" Chapters 6-10 Part B Word Search 1

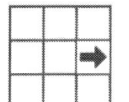

```
O P U W N F D X K D A D P I D L E J G L A R E D Q U
D M K F Y A Z D I K P J H J E B N Y C O Y E K V E P
K U E S H R I L L S T O J M D Y Y W O V V R O I X Q
S L I F D A U T X U M X F T X L G W I V G Z B A T E
B N A W M W R N A K J G S D R P J P F I B M R S G U
T I N T W U X O Q C R A G E I C U K K W Q O N B U V
Q H Z E F A S E U V L S F N N B R E Q N D I Y T M M
M V G E X V J W Z K K Y C N G T C Y N L M H L U H U
H A R N E S S W A W J F D K G O B M L D R Q E M G U
J V H T R T V J J L J I I N D I G N A N T L Y H N G
N X U K F I K I C H W S D A W Z K Z L N E B R G T Q
P O R T A L T M M T V Z E Q V R R M E W D V F Q O M
W R X F Y W I X Z A Z E C T T U Q G F U E N B X O N
V O Y K D I O Y J U A K I Y X C C J V B C Y O A B F
K T E L C I O B W Q M S B G K A V O R S V Z Q O F I
Z G S Y Z R Y W M M Q T O S G V Y O K O C P Z J K C
D P F C R T Z N Y Y Y V W G P G J U F P Y X O Y A E
L V P R G A Q T W C W V Q Z V A H Q M K B Q D C E L
Y G Y R E R L B O L I Y Y T O Z X N U O Y H X Z D A
I O U S P E C T A C L E S K Y X A T T E N D M U G T
Y Z F J J U C V B A P O F C T R F T R I A O W S E H
U P Z C Q I G A O G Q R N G K W M W V I W C Z H J T
N G R E F L E C T I O N P O S M X L R E J O I C E H
J M Q G P V X N Y H V O M A Y N U H R W M L I V
D V L M U P S O W W U M K A N R F B A H W C C E U H
M J D I P F Q F U S S T S V Z P W U F R A I L L N B
G H R D L Y M I T Y B U I P E R P L E X I T Y G G I
A I A A F Z A C K N R A E L C K Q B H P G J F I T E
I W J E K D Q U P P Z E G W F R A G R A N C E Y Z A
J V D I G N I F I E D B M H T U A H V L K Z E T C U
```

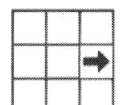

"The Wonderful Wizard of Oz" Chapters 6-10 Part B Word Search 1

```
O P U W N F D X K D A D P I D L E J G L A R E D Q U
D M K F Y A Z D I K P J H J E B N Y C O Y E K V E P
K U E S H R I L L S T O J M D Y Y W O V V R O I X Q
S L I F D A U T X U M X F T X L G W I V G Z B A T E
B N A W M W R N A K J G S D R P J P F I B M R S G U
T I N T W U X O Q C R A G E I C U K K W Q O N B U V
Q H Z E F A S E U V L S F N N B R E Q N D I Y T M M
M V G E X V J W Z K K Y C N G T C Y N L M H L U H U
H A R N E S S W A W J F D K G O B M L D R Q E M G U
J V H T R T V J J L J I I N D I G N A N T L Y H N G
N X U K F I K I C H W S D A W Z K Z L N E B R G T Q
P O R T A L T M M T V Z E Q V R R M E W D V F Q O M
W R X F Y W I X Z A Z E C T T U Q G F U E N B X O N
V O Y K D I O Y J U A K I Y X C C J V B C Y O A B F
K T E L C I O B W Q M S B G K A V O R S V Z Q O F I
Z G S Y Z R Y W M M Q T O S G V Y O K O C P Z J K C
D P F C R T Z N Y Y Y V W G P G J U F P Y X O Y A E
L V P R G A Q T W C W V Q Z V A H Q M K B Q D C E L
Y G Y R E R L B O L I Y Y T O Z X N U O Y H X Z D A
I O U S P E C T A C L E S K Y X A T T E N D M U G T
Y Z F J J U C V B A P O F C T R F T R I A O W S E H
U P Z C Q I G A O G Q R N G K W M W V I W C Z H J T
N G R E F L E C T I O N P O S M X L R E J O I C E H
J M Q G P V X Z V K P H V O M A Y N U H R W M L I V
D V L M U P S O W W U M K A N R F B A H W C C E U H
M J D I P F Q F U S S T S V Z P W U F R A I L L N B
G H R D L Y M I T Y B U I P E R P L E X I T Y G G I
A I A A F Z A C K N R A E L C K Q B H P G J F I T E
I W J E K D Q U P P Z E G W F R A G R A N C E Y Z A
J V D I G N I F I E D B M H T U A H V L K Z E T C U
```

attend	frail	idle	portal	shrill
dignified	glare	indignantly	reflection	spectacles
fragrance	harness	perplexity	rejoice	tint

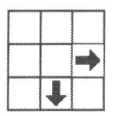

"The Wonderful Wizard of Oz" Chapters 6-10 Part B Word Search 2

```
O D K D K N R P B E K C V O J X G L Q O W P E F J
D P C L N W U E U C A S P E C T A C L E S F S Q R D
I D X I V B K K B U K B T J L H I V X Z U G H U A X
N U J S M Q Y E X D Y W N B A N R M O G M I R F G I
D G F O P I D L E G Q P D Q K C G X W N M W I Y R B
I R E T E D A S O I F Z I P J U L M J B O N L O A A
G S L H I I T Q E N U P I E C F J Q S A R L L F N T
N Q M U B G N M Z V G Y V S Q C N Q L I P R D R C O
A C I F I N W L J K Z V Y K H K O L Y M J H M A E L
N G W Z Q I K U I G O O Z H Z A U K O J W V N I O B
T G T I I F J Q C I R E F L E C T I O N O Y Z L Q K
L M X K V I S E E G C D M N N L I H C H C J K R R R
Y B Y D O E A Z I X B M J P K W V I H P O R T A L F
K A P G T D N T Y L G V W M Q S T Q H I D X N X P B
B K E Y L Z W N D B W F J R Y V R O Y M I T A J K I
H J T G Z B E L E V F A X S I T C F F Y Q I R I G Y
X L Z M Z E P D G H E O X N G L Q I F A E N D X O N
B T K K I G C Z I C H N P G A N A N V C Z T B F G O
Z H C N Q Y A D Y A D K M D S Z Z A O L T N G F B D
P Z E J A T T E N D P M D S Q W W B C I A C Q C V A
S S L W Q M W Z J R A L D O N M M I U H E Z X I N C
V X M B P S W J T B U F X N W I C Y C A U W A V E Q
O H U U G I X N M J I G H Z C T J C S R E S B M Q S
M Y K A B J E R I H U R S Q H D P K E N H Y X Z G
D U N S P G V G I K A E D P U Y X N S E Y S M H V N
K E B X G V N R J H R N D S O L S Q F S H H Q D M T
R E J O I C E A E R B C E O O O R V O S X J X G E T
X P B D L H E H P X W T Q M B H T S P G J R B W Y U
S A N N F P E R P L E X I T Y Y G L A R E D F E D D
M H A L P Y S N D M Z A L I Q O G U S M W B Q F C L
```

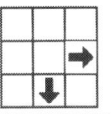

"The Wonderful Wizard of Oz" Chapters 6-10 Part B Word Search 2

```
O D K D K N R P B E K C V O J X G L Q O W U P E F J
D P C L N W U E U C A S P E C T A C L E S F S Q R D
I D X I V B K K B U K B T J L H I V X Z U G H U A X
N U J S M Q Y E X D Y W N B A N R M O G M I R F G I
D G F O P I D L E G Q P D Q K C G X W N M W I Y R B
I R E T E D A S O I F Z I P J U L M J B O N L O A A
G S L H I I T Q E N U P I E C F J Q S A R L L F N T
N Q M U B G N M Z V G Y V S Q C N Q L I P R D R C O
A C I F I N W L J K Z V Y K H K O L Y M J H M A E L
N G W Z Q I K U I G O O Z H Z A U K O J W V N I O B
T G T I I F J Q C I R E F L E C T I O N O Y Z L Q K
L M X K V I S E E G C D M N N L I H C H C J K R R R
Y B Y D O E A Z I X B M J P K W V I H P O R T A L F
K A P G T D N T Y L G V W M Q S T Q H I D X N X P B
B K E Y L Z W N D B W F J R Y V R O Y M I T A J K I
H J T G Z B E L E V F A X S I T C F F Y Q I R I G Y
X L Z M Z E P D G H E O X N G L Q I F A E N D X O N
B T K K I G C Z I C H N P G A N A N V C Z T B F G O
Z H C N Q Y A D Y A D K M D S Z Z A O L T N G F B D
P Z E J A T T E N D P M D S Q W W B C I A C Q C V A
S S L W Q M W Z J R A L D O N M M I U H E Z X I N C
V X M B P S W J T B U F X N W I C Y C A U W A V E Q
O H U U G I X N M J I G H Z C T J C S R E S B M Q S
M Y K A B J E R I H U R S Q H D P K E N H Y X R Z G
D U N S P G V G I K A E D P U Y X N S E Y S M H V N
K E B X G V N R J H R N D S O L S Q F S H H Q D M T
R E J O I C E A E R B C E O O O R V O S X J X G E T
X P B D L H E H P X W T Q M B H T S P G J R B W Y U
S A N N F P E R P L E X I T Y Y G L A R E D F E D D
M H A L P Y S N D M Z A L I Q O G U S M W B Q F C L
```

attend	frail	idle	portal	shrill
dignified	glare	indignantly	reflection	spectacles
fragrance	harness	perplexity	rejoice	tint

"The Wonderful Wizard of Oz" Chapters 6-10 Part B **Spelling**
Practice writing each word twice in the space provided

attend		
dignified		
fragrance		
frail		
glare		
harness		
idle		
indignantly		
perplexity		
portal		
reflection		
rejoice		
shrill		
spectacles		
tint		

"The Wonderful Wizard of Oz" Chapters 6-10 Part B Flash Cards

attend	work for or be a servant to
dignified	formal or stately in bearing or appearance
fragrance	a distinctive odor that is pleasant
frail	easily broken or damaged or destroyed

"The Wonderful Wizard of Oz" Chapters 6-10 Part B Flash Cards

glare	a light that is brighter than what the eyes are adapted to
harness	put on leather straps fitted to a draft animal
idle	silly or trivial
indignantly	in a manner showing anger at something unjust or wrong

"The Wonderful Wizard of Oz" Chapters 6-10 Part B Flash Cards

perplexity	trouble or confusion resulting from complexity
portal	a grand and imposing entrance
reflection	a calm, lengthy, intent consideration
rejoice	feel happiness

"The Wonderful Wizard of Oz" Chapters 6-10 Part B Flash Cards

shrill	having or emitting a high-pitched and sharp tone or tones
spectacles	eyeglasses
tint	a variation or slightly different shade of a color

"The Wonderful Wizard of Oz" Chapters 6-10 Part B Flash Cards

"The Wonderful Wizard of Oz" Chapters 6-10 Part B Bingo

attend	frail	idle	portal	shrill
dignified	glare	indignantly	reflection	spectacles
fragrance	harness	perplexity	rejoice	tint

B	I	N	G	O
attend	Free	dignified	frail	Free
Free	fragrance	Free	idle	indignantly
glare	harness	Free	perplexity	Free
Free	portal	reflection	Free	spectacles
rejoice	Free	shrill	Free	tint

Included:

1. **Bingo Card:** -The activity involves providing students with a list of words that they will use to create their own personalized Bingo card. This interactive exercise encourages creativity and critical thinking as students strategically arrange the words on their card. By engaging in this activity, students can enhance their vocabulary, pattern recognition, and problem-solving skills. Additionally, it promotes social interaction and friendly competition among peers. Overall, this activity is a fun and educational way for students to actively participate in learning.
2. **Vocabulary Words with Definitions:** Begin by familiarizing yourself with a curated list of vocabulary words paired with their definitions. This section offers clear, concise explanations to help you understand and remember each term effectively.
3. **Vocabulary Words with Space for Definitions:** Test your understanding by writing your own definitions for a list of vocabulary words. This hands-on practice encourages active learning and helps you internalize each word's meaning.
4. **Vocabulary Definitions with Space to Write the Term:** Challenge yourself by matching definitions with the correct vocabulary words. This exercise helps reinforce your recall and application of the terms based on their meanings.

"The Wonderful Wizard of Oz" Chapters 6-10 Part B
Using the 15 words listed below create your own Bingo card.

attend	frail	idle	portal	shrill
dignified	glare	indignantly	reflection	spectacles
fragrance	harness	perplexity	rejoice	tint

B   I   N   G   O

"The Wonderful Wizard of Oz" Chapters 6-10 Part B
Using the 15 words listed below create your own Bingo card.

attend	glare	reflection
dignified	harness	rejoice
fragrance	indignantly	shrill
frail	perplexity	spectacles
idle	portal	tint

"The Wonderful Wizard of Oz" Vocabulary Chapters 11-15

abound	brocade	exhausted	meek	singe
assorted	burnished	gnash	mischief	slat
basin	compel	grant	patter	solder
batter	contented	gruff	plague	stout
bestow	cunning	hasten	plight	vain
bewilderment	determined	humbug	promptly	ventriloquist
bitterly	dominion	immense	prosperous	vexed

"The Wonderful Wizard of Oz" Vocabulary Chapters 11-15 Part A

assorted	bitterly	cunning	grant	plight
basin	brocade	dominion	gruff	prosperous
batter	compel	exhausted	immense	singe
bestow	contented	gnash	meek	stout

"The Wonderful Wizard of Oz" Vocabulary Chapters 11-15 Part B

abound	determined	mischief	promptly	vain
bewilderment	hasten	patter	slat	ventriloquist
burnished	humbug	plague	solder	vexed

Included:
- Vocabulary List with Space for definition
- Definitions List with space to provide correct vocabulary word
- 3 Matching assignments
- 3 Crossword puzzles
- To differentiate a version of the Crossword with a word list is provided
- 6 Word Searches
- To differentiate different word directions are used in the word searches
- Spelling Activities
- Flash Cards

"The Wonderful Wizard of Oz" Vocabulary Chapters 11-15 Bundle

abound	brocade	exhausted	meek	singe
assorted	burnished	gnash	mischief	slat
basin	compel	grant	patter	solder
batter	contented	gruff	plague	stout
bestow	cunning	hasten	plight	vain
bewilderment	determined	humbug	promptly	ventriloquist
bitterly	dominion	immense	prosperous	vexed

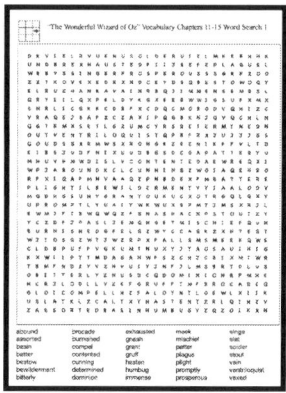

Included
- Vocabulary Terms & Definitions
- Vocabulary List with Space for definition
- Definitions List with space to provide correct vocabulary word
- Matching assignment
- Crossword puzzle
    To differentiate a version of the Crossword with a word list is provided
- 2 Word Searches
- Spelling
- 35 Flash Cards

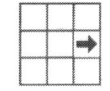

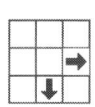

Word Directions

"The Wonderful Wizard of Oz" Vocabulary Chapters 11-15 Vocabulary Terms & Definitions

abound	exist in large quantities
assorted	consisting of a haphazard variety of different kinds
basin	a bowl-shaped vessel used for holding food or liquids
batter	strike violently and repeatedly
bestow	give as a gift
bewilderment	confusion resulting from failure to understand
bitterly	indicating something hard to accept
brocade	weave a design into
burnished	made smooth and bright by or as if by rubbing
compel	force somebody to do something
contented	satisfied or showing satisfaction with things as they are
cunning	marked by skill in deception
determined	characterized by great firmness of purpose
dominion	a region marked off for administrative or other purposes
exhausted	depleted of energy, force, or strength
gnash	grind together
grant	bestow, especially officially
gruff	blunt and unfriendly or stern
hasten	speed up the progress of; facilitate
humbug	a person who is intentionally deceptive or insincere
immense	unusually great in size or amount or extent or scope
meek	humble in spirit or manner
mischief	reckless or malicious behavior causing annoyance in others
patter	make light, rapid and repeated sounds
plague	annoy continually or chronically

"The Wonderful Wizard of Oz" Vocabulary Chapters 11-15 Vocabulary Terms & Definitions

plight	a situation from which extrication is difficult
promptly	in a punctual manner
prosperous	marked by peace and success
singe	burn superficially or lightly
slat	a thin strip of wood or metal
solder	join or fuse with an alloy
stout	having rugged physical strength
vain	having an exaggerated sense of self-importance
ventriloquist	a performer who projects the voice into a wooden dummy
vexed	troubled persistently especially with petty annoyances

"The Wonderful Wizard of Oz" Vocabulary Chapters 11-15 Vocabulary Terms

abound	
assorted	
basin	
batter	
bestow	
bewilderment	
bitterly	
brocade	
burnished	
compel	
contented	
cunning	
determined	
dominion	
exhausted	
gnash	
grant	
gruff	
hasten	
humbug	
immense	
meek	
mischief	
patter	
plague	

"The Wonderful Wizard of Oz" Vocabulary Chapters 11-15 Vocabulary Terms

plight	
promptly	
prosperous	
singe	
slat	
solder	
stout	
vain	
ventriloquist	
vexed	

"The Wonderful Wizard of Oz" Vocabulary Chapters 11-15 Definitions

a bowl-shaped vessel used for holding food or liquids	
a performer who projects the voice into a wooden dummy	
a person who is intentionally deceptive or insincere	
a region marked off for administrative or other purposes	
a situation from which extrication is difficult	
a thin strip of wood or metal	
annoy continually or chronically	
bestow, especially officially	
blunt and unfriendly or stern	
burn superficially or lightly	
characterized by great firmness of purpose	
confusion resulting from failure to understand	
consisting of a haphazard variety of different kinds	
depleted of energy, force, or strength	
exist in large quantities	
force somebody to do something	
give as a gift	
grind together	
having an exaggerated sense of self-importance	
having rugged physical strength	
humble in spirit or manner	
in a punctual manner	
indicating something hard to accept	
join or fuse with an alloy	
made smooth and bright by or as if by rubbing	

"The Wonderful Wizard of Oz" Vocabulary Chapters 11-15 Definitions

make light, rapid and repeated sounds	
marked by peace and success	
marked by skill in deception	
reckless or malicious behavior causing annoyance in others	
satisfied or showing satisfaction with things as they are	
speed up the progress of; facilitate	
strike violently and repeatedly	
troubled persistently especially with petty annoyances	
unusually great in size or amount or extent or scope	
weave a design into	

"The Wonderful Wizard of Oz" Vocabulary Chapters 11-15 Definitions

a bowl-shaped vessel used for holding food or liquids	**basin**
a performer who projects the voice into a wooden dummy	**ventriloquist**
a person who is intentionally deceptive or insincere	**humbug**
a region marked off for administrative or other purposes	**dominion**
a situation from which extrication is difficult	**plight**
a thin strip of wood or metal	**slat**
annoy continually or chronically	**plague**
bestow, especially officially	**grant**
blunt and unfriendly or stern	**gruff**
burn superficially or lightly	**singe**
characterized by great firmness of purpose	**determined**
confusion resulting from failure to understand	**bewilderment**
consisting of a haphazard variety of different kinds	**assorted**
depleted of energy, force, or strength	**exhausted**
exist in large quantities	**abound**
force somebody to do something	**compel**
give as a gift	**bestow**
grind together	**gnash**
having an exaggerated sense of self-importance	**vain**
having rugged physical strength	**stout**
humble in spirit or manner	**meek**
in a punctual manner	**promptly**
indicating something hard to accept	**bitterly**
join or fuse with an alloy	**solder**
made smooth and bright by or as if by rubbing	**burnished**

"The Wonderful Wizard of Oz" Vocabulary Chapters 11-15 Definitions

make light, rapid and repeated sounds	**patter**
marked by peace and success	**prosperous**
marked by skill in deception	**cunning**
reckless or malicious behavior causing annoyance in others	**mischief**
satisfied or showing satisfaction with things as they are	**contented**
speed up the progress of; facilitate	**hasten**
strike violently and repeatedly	**batter**
troubled persistently especially with petty annoyances	**vexed**
unusually great in size or amount or extent or scope	**immense**
weave a design into	**brocade**

"The Wonderful Wizard of Oz" Vocabulary Chapters 11-15 Matching

1	abound		A	characterized by great firmness of purpose
2	assorted		B	confusion resulting from failure to understand
3	basin		C	a person who is intentionally deceptive or insincere
4	batter		D	a region marked off for administrative or other purposes
5	bestow		E	a situation from which extrication is difficult
6	bewilderment		F	a thin strip of wood or metal
7	bitterly		G	annoy continually or chronically
8	brocade		H	bestow, especially officially
9	burnished		I	blunt and unfriendly or stern
10	compel		J	burn superficially or lightly
11	contented		K	marked by peace and success
12	cunning		L	having rugged physical strength
13	determined		M	reckless or malicious behavior causing annoyance in others
14	dominion		N	satisfied or showing satisfaction with things as they are
15	exhausted		O	exist in large quantities
16	gnash		P	force somebody to do something
17	grant		Q	give as a gift
18	gruff		R	grind together
19	hasten		S	having an exaggerated sense of self-importance
20	humbug		T	marked by skill in deception

"The Wonderful Wizard of Oz" Vocabulary Chapters 11-15 Matching

21	immense		U	humble in spirit or manner
22	meek		V	in a punctual manner
23	mischief		W	indicating something hard to accept
24	patter		X	join or fuse with an alloy
25	plague		Y	made smooth and bright by or as if by rubbing
26	plight		Z	make light, rapid and repeated sounds
27	promptly		AA	a bowl-shaped vessel used for holding food or liquids
28	prosperous		BB	a performer who projects the voice into a wooden dummy
29	singe		CC	speed up the progress of; facilitate
30	slat		DD	strike violently and repeatedly
31	solder		EE	troubled persistently especially with petty annoyances
32	stout		FF	unusually great in size or amount or extent or scope
33	vain		GG	weave a design into
34	ventriloquist		HH	consisting of a haphazard variety of different kinds
35	vexed		II	depleted of energy, force, or strength

"The Wonderful Wizard of Oz" Vocabulary Chapters 11-15 Matching

1	abound	O	A	characterized by great firmness of purpose
2	assorted	HH	B	confusion resulting from failure to understand
3	basin	AA	C	a person who is intentionally deceptive or insincere
4	batter	DD	D	a region marked off for administrative or other purposes
5	bestow	Q	E	a situation from which extrication is difficult
6	bewilderment	B	F	a thin strip of wood or metal
7	bitterly	W	G	annoy continually or chronically
8	brocade	GG	H	bestow, especially officially
9	burnished	Y	I	blunt and unfriendly or stern
10	compel	P	J	burn superficially or lightly
11	contented	N	K	marked by peace and success
12	cunning	T	L	having rugged physical strength
13	determined	A	M	reckless or malicious behavior causing annoyance in others
14	dominion	D	N	satisfied or showing satisfaction with things as they are
15	exhausted	II	O	exist in large quantities
16	gnash	R	P	force somebody to do something
17	grant	H	Q	give as a gift
18	gruff	I	R	grind together
19	hasten	CC	S	having an exaggerated sense of self-importance
20	humbug	C	T	marked by skill in deception

"The Wonderful Wizard of Oz" Vocabulary Chapters 11-15 Matching

21	immense	FF	U	humble in spirit or manner
22	meek	U	V	in a punctual manner
23	mischief	M	W	indicating something hard to accept
24	patter	Z	X	join or fuse with an alloy
25	plague	G	Y	made smooth and bright by or as if by rubbing
26	plight	E	Z	make light, rapid and repeated sounds
27	promptly	V	AA	a bowl-shaped vessel used for holding food or liquids
28	prosperous	K	BB	a performer who projects the voice into a wooden dummy
29	singe	J	CC	speed up the progress of; facilitate
30	slat	F	DD	strike violently and repeatedly
31	solder	X	EE	troubled persistently especially with petty annoyances
32	stout	L	FF	unusually great in size or amount or extent or scope
33	vain	S	GG	weave a design into
34	ventriloquist	BB	HH	consisting of a haphazard variety of different kinds
35	vexed	EE	II	depleted of energy, force, or strength

"The Wonderful Wizard of Oz" Vocabulary Chapters 11-15 Crossword

"The Wonderful Wizard of Oz" Vocabulary Chapters 11-15 Crossword

Across

6. speed up the progress of; facilitate
7. make light, rapid and repeated sounds
9. blunt and unfriendly or stern
10. bestow, especially officially
11. annoy continually or chronically
12. in a punctual manner
13. satisfied or showing satisfaction with things as they are
16. strike violently and repeatedly
17. reckless or malicious behavior causing annoyance in others
18. exist in large quantities
19. burn superficially or lightly
20. weave a design into
22. force somebody to do something
25. give as a gift
26. having rugged physical strength
28. humble in spirit or manner
29. a bowl-shaped vessel used for holding food or liquids
30. characterized by great firmness of purpose
31. unusually great in size or amount or extent or scope
32. a situation from which extrication is difficult

Down

1. grind together
2. a performer who projects the voice into a wooden dummy
3. indicating something hard to accept
4. having an exaggerated sense of self-importance
5. marked by peace and success
6. a person who is intentionally deceptive or insincere
8. depleted of energy, force, or strength
14. join or fuse with an alloy
15. confusion resulting from failure to understand
16. made smooth and bright by or as if by rubbing
21. consisting of a haphazard variety of different kinds
23. marked by skill in deception
24. a region marked off for administrative or other purposes
26. a thin strip of wood or metal
27. troubled persistently especially with petty annoyances

"The Wonderful Wizard of Oz" Vocabulary Chapters 11-15 Crossword

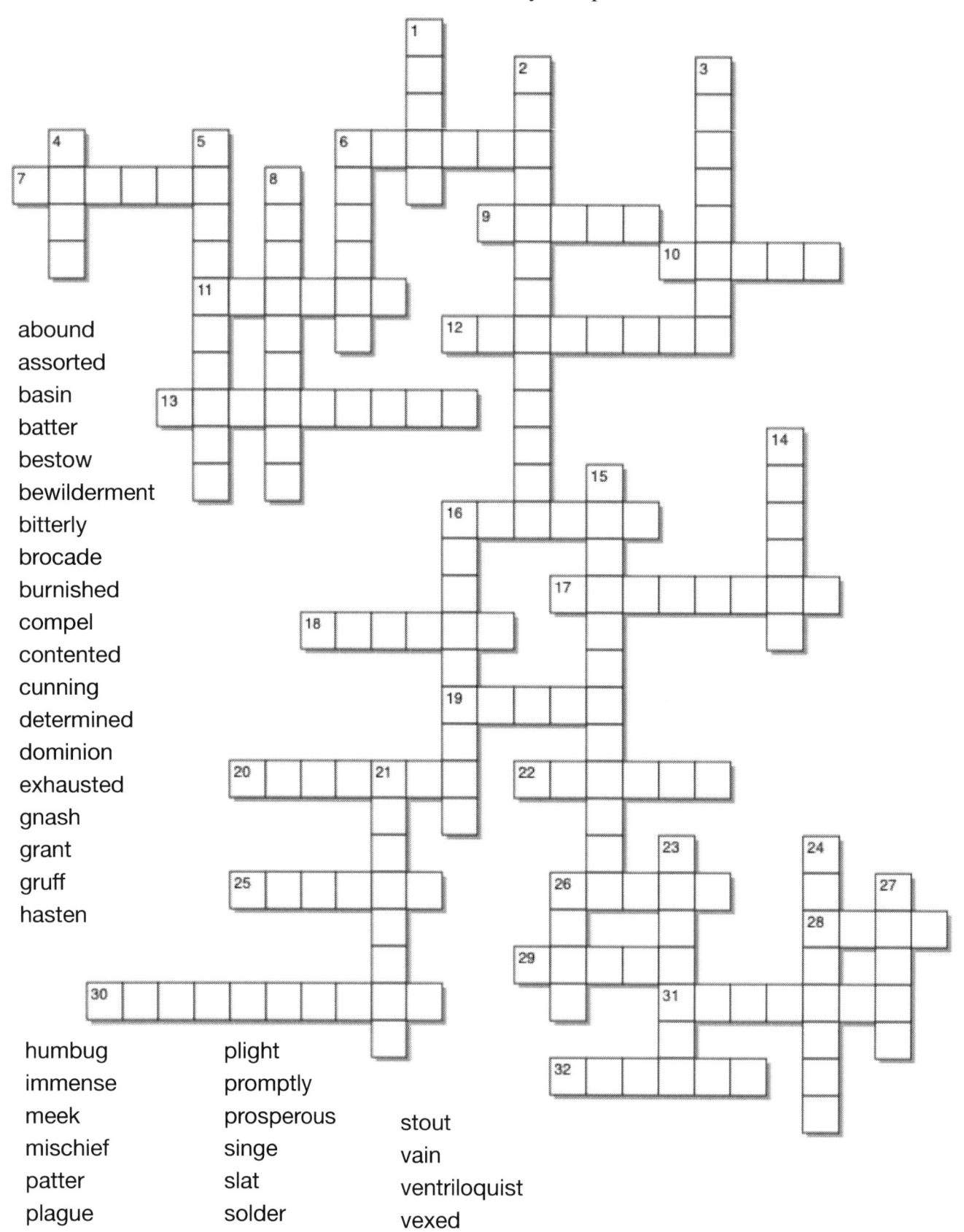

abound
assorted
basin
batter
bestow
bewilderment
bitterly
brocade
burnished
compel
contented
cunning
determined
dominion
exhausted
gnash
grant
gruff
hasten

humbug
immense
meek
mischief
patter
plague
plight
promptly
prosperous
singe
slat
solder
stout
vain
ventriloquist
vexed

"The Wonderful Wizard of Oz" Vocabulary Chapters 11-15 Crosswords

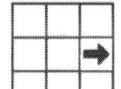

"The Wonderful Wizard of Oz" Vocabulary Chapters 11-15 Word Search 1

```
D K V I E L R V U E N U S O L D E R U I E L M K E R H H K
U N D B R E X H A U S T E D F I I J S E F E P L A G U E L
W B B Y S S I N G E R P R O S P E R O U S S S G K P Z O O
Z Z T K O V E X E D R X N D C E Y D S Q B E S T O W O Q Y
E L R U C H A N K A V A I N R B Q J I M M E N S E M R S L
Q R Y I I L Q X P K L D Y K G X E E R W W I G S U F X M X
S N R L I C G K K C D B F X C D Q C M O B O D V Q H I Z C
V R A Q E J S A F Z C Z A X I P Q G B K N J Q V Q C H L N
Q G T R M X S E T L G Z U M C Y R S D E T E R M I N E D N
O U T V E N T R I L O Q U I S T Q P R F R X J U J J J G S
Q O U D S G X R M W S X R O H G K Z E E N I K F F V L T D
E I B S J U D F N I X U U D B G S D C G A P A T T E R Y U
M H U V H M W D I S L V C O N T E N T E D A E W R E Q X I
W P J A B O U N D K C L C U N N I N G Z W O I A Q E H B O
R F X I Q A F M N V A A Q Z P N B D E X F M B A T T E R E
P L I G H T I L B E W I L D E R M E N T Y Y I A A L O D V
M Q D H G E U N Y G R A N T O U K U C X O T R G Q L G X Y
U P R O M P T L Y U A I Y W K W U X S P M T J M S X R J L
E W M J F T B W Q W Q Z F G N A S H A C N P S T O U T Z Y
Y C Z D F J P A S L J E M Q H G E T M I S C H I E F Q U H
B U R N I S H E D G F E L G Z W Y C C A G K Z X H T E G T
W J I O S G Z W T J W Z R P X F A L L S M S M E E K Q W E
C L D B P U F F V G K U M T N U X Y J T A O S A U I H I G
K X W I I P T T M D A G A N W F S Z C H J C B I X M T W R
T B M F N D Z Y V Z H V U I Y J N F J L M S B R T D L U S
O B I T T E R L Y Z N U S D C Q D O M I N I O N R P M H E
H C R J L O D L L V Z K F G R U F F T M F B R O C A D E Q
G L O I C O M P E L L H Z F A L O Y N T L O E W L X I I K
U S L A T K L Z C A L T X Y H A S T E N T Z R L Q I H Z V
Z A S S O R T E D B A S I N H U M B U G Y Z Q Z O I K X N
```

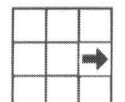

"The Wonderful Wizard of Oz" Vocabulary Chapters 11-15 Word Search 1

```
D K V I E L R V U E N U S O L D E R U I E L M K E R H H K
U N D B R E X H A U S T E D F I I J S E F E P L A G U E L
W B B Y S S I N G E R P R O S P E R O U S S G K P Z O O
Z Z T K O V E X E D R X N D C E Y D S Q B E S T O W O Q Y
E L R U C H A N K A V A I N R B Q J I M M E N S E M R S L
Q R Y I I L Q X P K L D Y K G X E E R W W I G S U F X M X
S N R L I C G K K C D B F X C D Q C M O B O D V Q H I Z C
V R A Q E J S A F Z C Z A X I P Q G B K N J Q V Q C H L N
Q G T R M X S E T L G Z U M C Y R S D E T E R M I N E D N
O U T V E N T R I L O Q U I S T Q P R F R X J U J J J G S
Q O U D S G X R M W S X R O H G K Z E E N I K F F V L T D
E I B S J U D F N I X U U D B G S D C G A P A T T E R Y U
M H U V H M W D I S L V C O N T E N T E D A E W R E Q X I
W P J A B O U N D K C L C U N N I N G Z W O I A Q E H B O
R F X I Q A F M N V A A Q Z P N B D E X F M B A T T E R E
P L I G H T I L B E W I L D E R M E N T Y Y I A A L O D V
M Q D H G E U N Y G R A N T O U K U C X O T R G Q L G X Y
U P R O M P T L Y U A I Y W K W U X S P M T J M S X R J L
E W M J F T B W Q W Q Z F G N A S H A C N P S T O U T Z Y
Y C Z D F J P A S L J E M Q H G E T M I S C H I E F Q U H
B U R N I S H E D G F E L G Z W Y C C A G K Z X H T E G T
W J I O S G Z W T J W Z R P X F A L L S M S M E E K Q W E
C L D B P U F F V G K U M T N U X Y J T A O S A U I H I G
K X W I I P T T M D A G A N W F S Z C H J C B I X M T W R
T B M F N D Z Y V Z H V U I Y J N F J L M S B R T D L U S
O B I T T E R L Y Z N U S D C Q D O M I N I O N R P M H E
H C R J L O D L L V Z K F G R U F F T M F B R O C A D E Q
G L O I C O M P E L L H Z F A L O Y N T L O E W L X I I K
U S L A T K L Z C A L T X Y H A S T E N T Z R L Q I H Z V
Z A S S O R T E D B A S I N H U M B U G Y Z Q Z O I K X N
```

abound	brocade	exhausted	meek	singe
assorted	burnished	gnash	mischief	slat
basin	compel	grant	patter	solder
batter	contented	gruff	plague	stout
bestow	cunning	hasten	plight	vain
bewilderment	determined	humbug	promptly	ventriloquist
bitterly	dominion	immense	prosperous	vexed

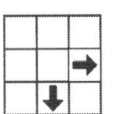

"The Wonderful Wizard of Oz" Vocabulary Chapters 11-15 Word Search 2

```
N O K V P R A K N P B M I S C H I E F O P V O P Y E A K U
F R F C N F A S S O R T E D T L A W A K A S Q M H B B V E
C L G J T C T N V I M W J Y L B N G L I T O R W N W O E X
O F I S H W I E E R E C P V M Z U Y P M T S B D U G A X H
N H M X U V Y W C W T W R E V J T Y L F E Y H Z O V E E A
T N M X M E G R U F F B I P L I G H T O R W L E I K B D U
E M E P B N B N C G Q E E P E W F L U G D V O V O D H S S
N T N C U T R O Z N F R H R G R X R B M P T Q Z Z M M A T
T Z S B G R O O H B L A F O R D I E Z X Q H V J Y W W Y E
E L E A H I C B Q T M I U S V H N P R O M P T L Y A Y D D
D E H C R L A M A N A Z M P F M P J B T R J B H W X J L H
J A O F J O D I H I W G A E T K K X L T S V I V N A B J J
O Z J U L Q E F F O H W B R Z H B V Z D J P T Z D P E N D
O P I K R U V A I N T A O O W E A Z X G P O T X F Y S W O
Y O P Q R I S Q L D I Z U U V B T B G U S H E U O O T C M
X B F U O S L N B O I R N S L O T A G Z A J R L P N O U I
D Q O C Q T A Y K W X G D X F F E S U B F O L L E I W N N
F S T O U T T F Y M R M G D D E R V L R D B Y K C T C N I
X B U R N I S H E D I R S N C R G E I B F D G M E E K I O
O B E W I L D E R M E N T B J J U A U K C E G E M S G N N
Q K Q M Z V Z Z Y F I E I V X C C N F Y O R F F J M N G Z
Q T W K G A Y T G Y C B C T R Z K X R S N G D R X Y A X P
S M L E I P W K J F W K S X F N T C K P L A G U E G S I Z
Z X Y T H K B R V I J B B M H R C O M P E L I M F X H J G
S C K H A S T E N E X R A X L N W K U Y M Q U Y E Q Z M R
I W U K O K Q S E H K E S E C Q D N D R L F E C C S H L A
N M R Y P S M U G N H V I Q O E Z L R L L D U V G W O N N
G S I W M B Q M D H A B N I T S A L O E C K K F S R J P T
E O L M A G G O B S O L D E R L Q Q M I Z I D N P N C F U
Y V T X F E D E T E R M I N E D U Y T O Y U V L M R W T X
```

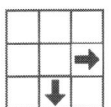

"The Wonderful Wizard of Oz" Vocabulary Chapters 11-15 Word Search 2

```
N O K V P R A K N P B M I S C H I E F O P V O P Y E A K U
F R F C N F A S S O R T E D T L A W A K A S Q M H B B V E
C L G J T C T N V I M W J Y L B N G L I T O R W N W O E X
O F I S H W I E E R E C P V M Z U Y P M T S B D U G A X H
N H M X U V Y W C W T W R E V J T Y L F E Y H Z O V E E A
T N M X M E G R U F F B I P L I G H T O R W L E I K B D U
E M E P B N B N C G Q E E P E W F L U G D V O V O D H S S
N T N C U T R O Z N F R H R G R X R B M P T Q Z Z M M A T
T Z S B G R O O H B L A F O R D I E Z X Q H V J Y W W Y E
E L E A H I C B Q T M I U S V H N P R O M P T L Y A Y D D
D E H C R L A M A N A Z M P F M P J B T R J B H W X J L H
J A O F J O D I H I W G A E T K K X L T S V I V N A B J J
O Z J U L Q E F F O H W B R Z H B V Z D J P T Z D P E N D
O P I K R U V A I N T A O O W E A Z X G P O T X F Y S W O
Y O P Q R I S Q L D I Z U U V B T B G U S H E U O O T C M
X B F U O S L N B O I R N S L O T A G Z A J R L P N O U I
D Q O C Q T A Y K W X G D X F F E S U B F O L L E I W N N
F S T O U T T F Y M R M G D D E R V L R D B Y K C T C N I
X B U R N I S H E D I R S N C R G E I B F D G M E E K I O
O B E W I L D E R M E N T B J J U A U K C E G E M S G N N
Q K Q M Z V Z Z Y F I E I V X C C N F Y O R F F J M N G Z
Q T W K G A Y T G Y C B C T R Z K X R S N G D R X Y A X P
S M L E I P W K J F W K S X F N T C K P L A G U E G S I Z
Z X Y T H K B R V I J B B M H R C O M P E L I M F X H J G
S C K H A S T E N E X R A X L N W K U Y M Q U Y E Q Z M R
I W U K O K Q S E H K E S E C Q D N D R L F E C C S H L A
N M R Y P S M U G N H V I Q O E Z L R L L D U V G W O N N
G S I W M B Q M D H A B N I T S A L O E C K K F S R J P T
E O L M A G G O B S O L D E R L Q Q M I Z I D N P N C F U
Y V T X F E D E T E R M I N E D U Y T O Y U V L M R W T X
```

abound	brocade	exhausted	meek	singe
assorted	burnished	gnash	mischief	slat
basin	compel	grant	patter	solder
batter	contented	gruff	plague	stout
bestow	cunning	hasten	plight	vain
bewilderment	determined	humbug	promptly	ventriloquist
bitterly	dominion	immense	prosperous	vexed

"The Wonderful Wizard of Oz" Vocabulary Chapters 11-15 **Spelling**
Practice writing each word twice in the space provided

abound		
assorted		
basin		
batter		
bestow		
bewilderment		
bitterly		
brocade		
burnished		
compel		
contented		
cunning		
determined		
dominion		
exhausted		
gnash		
grant		
gruff		
hasten		
humbug		

"The Wonderful Wizard of Oz" Vocabulary Chapters 11-15 **Spelling**
Practice writing each word twice in the space provided

immense		
meek		
mischief		
patter		
plague		
plight		
promptly		
prosperous		
singe		
slat		
solder		
stout		
vain		
ventriloquist		
vexed		

"The Wonderful Wizard of Oz" Vocabulary Chapters 11-15 Flash Cards

abound	exist in large quantities
assorted	consisting of a haphazard variety of different kinds
basin	a bowl-shaped vessel used for holding food or liquids
batter	strike violently and repeatedly

"The Wonderful Wizard of Oz" Vocabulary Chapters 11-15 Flash Cards

bestow	give as a gift
bewilderment	confusion resulting from failure to understand
bitterly	indicating something hard to accept
brocade	weave a design into

"The Wonderful Wizard of Oz" Vocabulary Chapters 11-15 Flash Cards

burnished	made smooth and bright by or as if by rubbing
compel	force somebody to do something
contented	satisfied or showing satisfaction with things as they are
cunning	marked by skill in deception

"The Wonderful Wizard of Oz" Vocabulary Chapters 11-15 Flash Cards

determined	characterized by great firmness of purpose
dominion	a region marked off for administrative or other purposes
exhausted	depleted of energy, force, or strength
gnash	grind together

"The Wonderful Wizard of Oz" Vocabulary Chapters 11-15 Flash Cards

grant	bestow, especially officially
gruff	blunt and unfriendly or stern
hasten	speed up the progress of; facilitate
humbug	a person who is intentionally deceptive or insincere

"The Wonderful Wizard of Oz" Vocabulary Chapters 11-15 Flash Cards

immense	unusually great in size or amount or extent or scope
meek	humble in spirit or manner
mischief	reckless or malicious behavior causing annoyance in others
patter	make light, rapid and repeated sounds

"The Wonderful Wizard of Oz" Vocabulary Chapters 11-15 Flash Cards

plague	annoy continually or chronically
plight	a situation from which extrication is difficult
promptly	in a punctual manner
prosperous	marked by peace and success

"The Wonderful Wizard of Oz" Vocabulary Chapters 11-15 Flash Cards

singe	burn superficially or lightly
slat	a thin strip of wood or metal
solder	join or fuse with an alloy
stout	having rugged physical strength

"The Wonderful Wizard of Oz" Vocabulary Chapters 11-15 Flash Cards

vain	having an exaggerated sense of self-importance
ventriloquist	a performer who projects the voice into a wooden dummy
vexed	troubled persistently especially with petty annoyances

"The Wonderful Wizard of Oz" Vocabulary Chapters 11-15 Flash Cards

"The Wonderful Wizard of Oz" Vocabulary Chapters 11-15 Bingo

abound	brocade	exhausted	meek	singe
assorted	burnished	gnash	mischief	slat
basin	compel	grant	patter	solder
batter	contented	gruff	plague	stout
bestow	cunning	hasten	plight	vain
bewilderment	determined	humbug	promptly	ventriloquist
bitterly	dominion	immense	prosperous	vexed

B	I	N	G	O
		Free		

Included:

1. **Bingo Card:** -The activity involves providing students with a list of words that they will use to create their own personalized Bingo card. This interactive exercise encourages creativity and critical thinking as students strategically arrange the words on their card. By engaging in this activity, students can enhance their vocabulary, pattern recognition, and problem-solving skills. Additionally, it promotes social interaction and friendly competition among peers. Overall, this activity is a fun and educational way for students to actively participate in learning.

2. **Vocabulary Words with Definitions:** Begin by familiarizing yourself with a curated list of vocabulary words paired with their definitions. This section offers clear, concise explanations to help you understand and remember each term effectively.

3. **Vocabulary Words with Space for Definitions:** Test your understanding by writing your own definitions for a list of vocabulary words. This hands-on practice encourages active learning and helps you internalize each word's meaning.

4. **Vocabulary Definitions with Space to Write the Term:** Challenge yourself by matching definitions with the correct vocabulary words. This exercise helps reinforce your recall and application of the terms based on their meanings.

Using 24 of the 35 words listed below create your own Bingo card.

abound	brocade	exhausted	meek	singe
assorted	burnished	gnash	mischief	slat
basin	compel	grant	patter	solder
batter	contented	gruff	plague	stout
bestow	cunning	hasten	plight	vain
bewilderment	determined	humbug	promptly	ventriloquist
bitterly	dominion	immense	prosperous	vexed

B   **I**   **N**   **G**   **O**

		Free		

"The Wonderful Wizard of Oz" Vocabulary Chapters 11-15
Using the 35 words listed below create your own Bingo card.

abound	batter	cunning
assorted	bestow	determined
basin	bitterly	gnash
bewilderment	burnished	grant
brocade	contented	humbug
compel	exhausted	mischief
dominion	hasten	plague
gruff	immense	promptly
meek	patter	slat
plight	prosperous	vain
singe	solder	vexed
stout	ventriloquist	

"The Wonderful Wizard of Oz" Vocabulary Chapters 11-15 Part A Bundle

assorted	bitterly	cunning	grant	plight
basin	brocade	dominion	gruff	prosperous
batter	compel	exhausted	immense	singe
bestow	contented	gnash	meek	stout

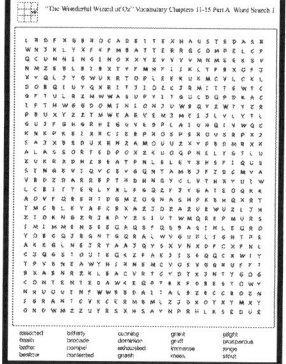

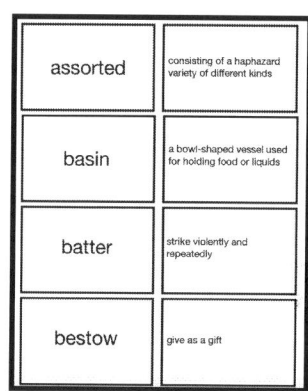

Included:

1. **Vocabulary Words with Definitions:** Begin by familiarizing yourself with a curated list of vocabulary words paired with their definitions. This section offers clear, concise explanations to help you understand and remember each term effectively.
2. **Vocabulary Words with Space for Definitions:** Test your understanding by writing your own definitions for a list of vocabulary words. This hands-on practice encourages active learning and helps you internalize each word's meaning.
3. **Vocabulary Definitions with Space to Write the Term:** Challenge yourself by matching definitions with the correct vocabulary words. This exercise helps reinforce your recall and application of the terms based on their meanings.
4. **Matching Assignments**: Connect terms with their correct definitions to strengthen your word association skills.
5. **Crosswords**: Enjoy a classic puzzle format that challenges you to recall and apply vocabulary in a fun way. To differentiate two versions of each crossword are provided, one with a word list and one without.
6. **Word Searches:** Enjoy finding vocabulary words hidden in a variety of word search puzzles. This fun activity boosts word recognition and spelling skills while offering a break from more traditional exercises.
7. **Spelling Practice:** Sharpen your spelling skills with targeted exercises designed to reinforce the correct spelling of vocabulary words. Practice writing words multiple times to improve accuracy and memory.
8. **20 Flash Cards:** Enhance your retention with a set of printable flash cards. Each card presents a vocabulary word on one side and its definition on the other, perfect for quick reviews and self-assessment.

"The Wonderful Wizard of Oz" Vocabulary Chapters 11-15 Part A Term & Definition

assorted	consisting of a haphazard variety of different kinds
basin	a bowl-shaped vessel used for holding food or liquids
batter	strike violently and repeatedly
bestow	give as a gift
bitterly	indicating something hard to accept
brocade	weave a design into
compel	force somebody to do something
contented	satisfied or showing satisfaction with things as they are
cunning	marked by skill in deception
dominion	a region marked off for administrative or other purposes
exhausted	depleted of energy, force, or strength
gnash	grind together
grant	bestow, especially officially
gruff	blunt and unfriendly or stern
immense	unusually great in size or amount or extent or scope
meek	humble in spirit or manner
plight	a situation from which extrication is difficult
prosperous	marked by peace and success
singe	burn superficially or lightly
stout	having rugged physical strength

"The Wonderful Wizard of Oz" Vocabulary Chapters 11-15 Part A Vocabulary

assorted	
basin	
batter	
bestow	
bitterly	
brocade	
compel	
contented	
cunning	
dominion	
exhausted	
gnash	
grant	
gruff	
immense	
meek	
plight	
prosperous	
singe	
stout	

"The Wonderful Wizard of Oz" Vocabulary Chapters 11-15 Part A Definitions

weave a design into	
unusually great in size or amount or extent or scope	
strike violently and repeatedly	
satisfied or showing satisfaction with things as they are	
marked by skill in deception	
marked by peace and success	
indicating something hard to accept	
humble in spirit or manner	
having rugged physical strength	
grind together	
give as a gift	
force somebody to do something	
depleted of energy, force, or strength	
consisting of a haphazard variety of different kinds	
burn superficially or lightly	
blunt and unfriendly or stern	
bestow, especially officially	
a situation from which extrication is difficult	
a region marked off for administrative or other purposes	
a bowl-shaped vessel used for holding food or liquids	

"The Wonderful Wizard of Oz" Vocabulary Chapters 11-15 Part A Definitions

weave a design into	**brocade**
unusually great in size or amount or extent or scope	**immense**
strike violently and repeatedly	**batter**
satisfied or showing satisfaction with things as they are	**contented**
marked by skill in deception	**cunning**
marked by peace and success	**prosperous**
indicating something hard to accept	**bitterly**
humble in spirit or manner	**meek**
having rugged physical strength	**stout**
grind together	**gnash**
give as a gift	**bestow**
force somebody to do something	**compel**
depleted of energy, force, or strength	**exhausted**
consisting of a haphazard variety of different kinds	**assorted**
burn superficially or lightly	**singe**
blunt and unfriendly or stern	**gruff**
bestow, especially officially	**grant**
a situation from which extrication is difficult	**plight**
a region marked off for administrative or other purposes	**dominion**
a bowl-shaped vessel used for holding food or liquids	**basin**

"The Wonderful Wizard of Oz" Vocabulary Chapters 11-15 Part A Matching

1	assorted		A	grind together
2	basin		B	indicating something hard to accept
3	batter		C	consisting of a haphazard variety of different kinds
4	bestow		D	bestow, especially officially
5	bitterly		E	having rugged physical strength
6	brocade		F	burn superficially or lightly
7	compel		G	marked by skill in deception
8	contented		H	humble in spirit or manner
9	cunning		I	a bowl-shaped vessel used for holding food or liquids
10	dominion		J	strike violently and repeatedly
11	exhausted		K	give as a gift
12	gnash		L	depleted of energy, force, or strength
13	grant		M	marked by peace and success
14	gruff		N	a region marked off for administrative or other purposes
15	immense		O	blunt and unfriendly or stern
16	meek		P	force somebody to do something
17	plight		Q	weave a design into
18	prosperous		R	satisfied or showing satisfaction with things as they are
19	singe		S	unusually great in size or amount or extent or scope
20	stout		T	a situation from which extrication is difficult

"The Wonderful Wizard of Oz" Vocabulary Chapters 11-15 Part A Matching

#	Word	Ans	Letter	Definition
1	assorted	C	A	grind together
2	basin	I	B	indicating something hard to accept
3	batter	J	C	consisting of a haphazard variety of different kinds
4	bestow	K	D	bestow, especially officially
5	bitterly	B	E	having rugged physical strength
6	brocade	Q	F	burn superficially or lightly
7	compel	P	G	marked by skill in deception
8	contented	R	H	humble in spirit or manner
9	cunning	G	I	a bowl-shaped vessel used for holding food or liquids
10	dominion	N	J	strike violently and repeatedly
11	exhausted	L	K	give as a gift
12	gnash	A	L	depleted of energy, force, or strength
13	grant	D	M	marked by peace and success
14	gruff	O	N	a region marked off for administrative or other purposes
15	immense	S	O	blunt and unfriendly or stern
16	meek	H	P	force somebody to do something
17	plight	T	Q	weave a design into
18	prosperous	M	R	satisfied or showing satisfaction with things as they are
19	singe	F	S	unusually great in size or amount or extent or scope
20	stout	E	T	a situation from which extrication is difficult

"The Wonderful Wizard of Oz" Vocabulary Chapters 11-15 Part A Crossword

"The Wonderful Wizard of Oz" Vocabulary Chapters 11-15 Part A Crossword

Across

2. blunt and unfriendly or stern
5. unusually great in size or amount or extent or scope
6. depleted of energy, force, or strength
10. consisting of a haphazard variety of different kinds
11. give as a gift
13. a situation from which extrication is difficult
15. a bowl-shaped vessel used for holding food or liquids
17. humble in spirit or manner
18. a region marked off for administrative or other purposes
19. grind together

Down

1. weave a design into
3. force somebody to do something
4. strike violently and repeatedly
7. burn superficially or lightly
8. satisfied or showing satisfaction with things as they are
9. marked by peace and success
11. indicating something hard to accept
12. marked by skill in deception
14. bestow, especially officially
16. having rugged physical strength

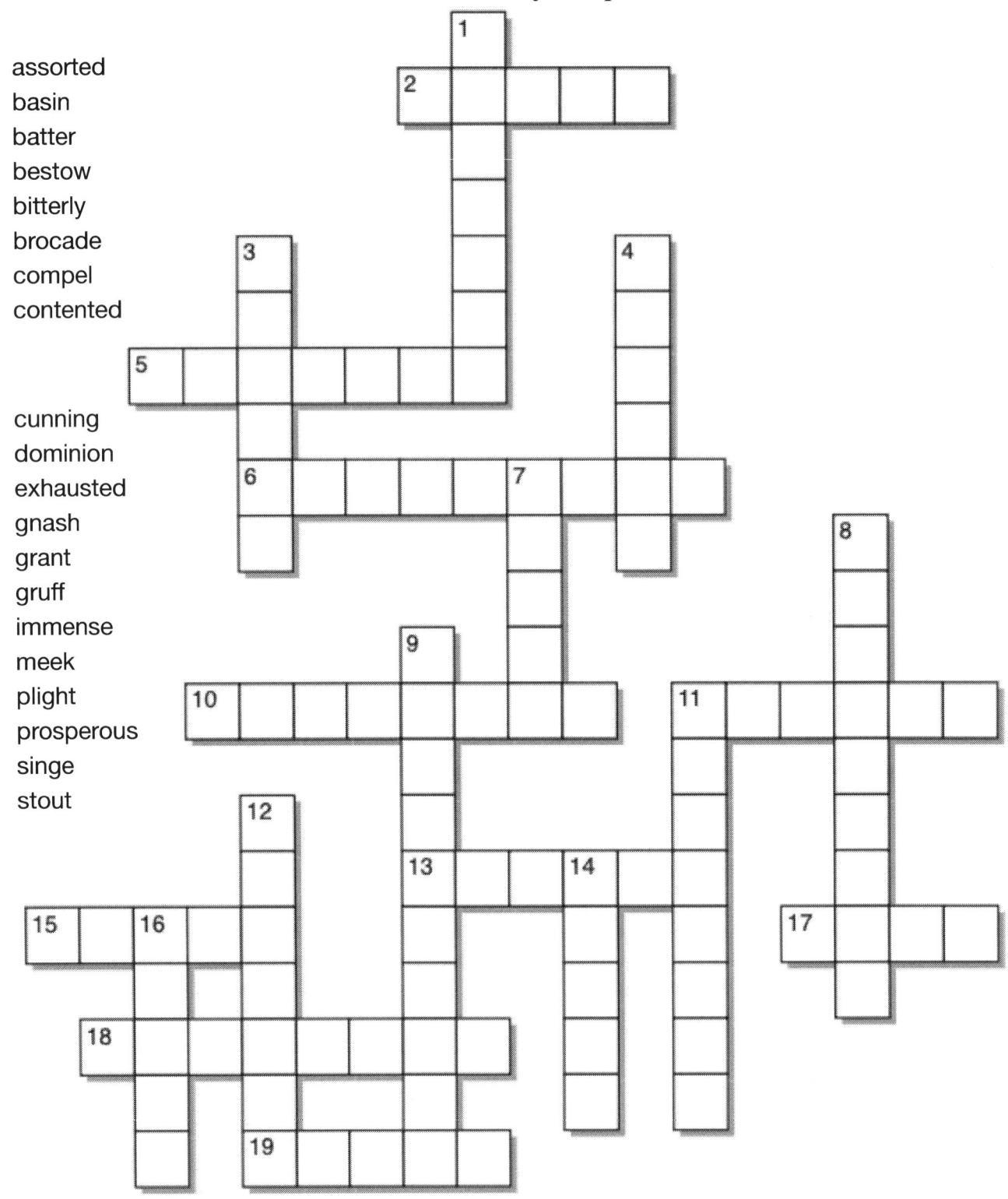

"The Wonderful Wizard of Oz" Vocabulary Chapters 11-15 Part A Crossword

assorted
basin
batter
bestow
bitterly
brocade
compel
contented
cunning
dominion
exhausted
gnash
grant
gruff
immense
meek
plight
prosperous
singe
stout

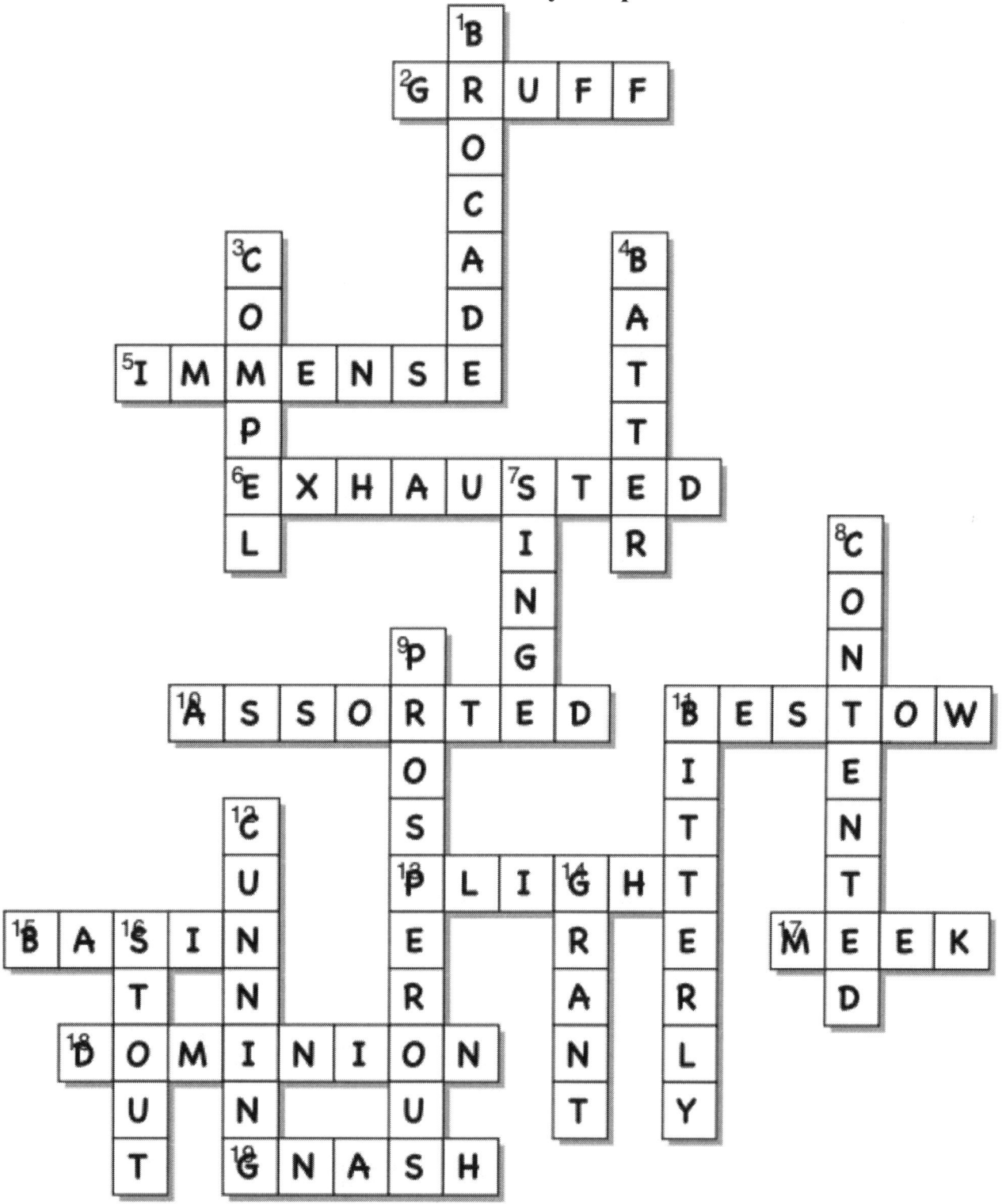

"The Wonderful Wizard of Oz" Vocabulary Chapters 11-15 Part A Crossword

Across:
2. GRUFF
5. IMMENSE
6. EXHAUSTED
10. ASSORTED
11. BESTOW
13. PLIGHT
15. BASIN
17. MEEK
18. DOMINION
19. GNASH

Down:
1. BROCADE
2. (3) COMPEL
4. BATTER
7. STINGING
8. CONTENTED
9. PROPOSTEROUS
12. CUNNING
13. PITTED
14. GRANT
15. BUTT
16. SINN
17. (utterly)

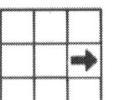

"The Wonderful Wizard of Oz" Vocabulary Chapters 11-15 Part A Word Search 1

```
L R D F X G B R O C A D E I T E X H A U S T E D A S R
W N J K L Y X F K F M B A T T E R R G C O M P E L C F
Q C U N N I N G I N O X X Y Z V V V V M N M E E K S V
N M Z E B L B I B X T Y F M H F I I K L T F B X O F J
X Y Q L J Y G W U K R T O P L E E K U K M C V L C K L
D O B Q I U Y Q X R I T J I O Z C J R M I T T E W T C
G F T U L R Z M W W A S U P Y I T G U C D Q P D K A C
I F T H W G G D O M I N I O N J U W B Q Y Z W T Y Z R
P B U X Y Z Z T M W E A R V E M J M E I J L V L Y T L
G U J F G H G R H I G U V E D P L A I U H Q I V W Q C
K N K P K E I X R C I E B P R O S P E R O U S R P X J
E A J X B S D U K R N Z A M O U U Z X Y P B D M R X K
A L A S S O R T E D P O X Z K U O Q P N E L Y G T L U
Z U K R X D H Z B E A T P N L E L E Y B H S F I Q U S
S I N G E V I Q V C S V G Q N T A M B J F J D C M V A
V B D Z D A R R R P T H D H N G Y C L V T H X Y U I W
L C B I T T E R L Y X L F G Q Z F J Y G A T E O Q K K
A O V F Q B E R T D G M Z O G N A S H P K B H Q X R T
T M C B L K Y A P C B X A Z J O Z A Z U B W U Z L J H
Z T O K N G Z R J K P Y Z S I U T W M Q R E P M U R S
I M I M M E N S E E Q A Q S F Q S B A S I N L E Q R O
Y O B C Q J B G N T G Q R A L W V G U P L I G H T P E
A K S G L N E J R Y A A J Q Y S X V N X D F C X F N L
C J Q G S T O U T E Q K Z F A E J I S E Q Q C X W T Y
T P V S N E A W Y H I R N E M C V O E V G G R U F F T
B X A B N R Z K L B A C V R T C Y D T K J N T Y G O G
C O N T E N T E D A W K E Q P T K K F D B E S T O W Y
N H U O U I N F W W B B D A I T A L B Z B C C B O Z N
I G R A N T C V K C E R M S M L Z J D K O Y V M X Y
O N D W M Z Z U Y R S X H S A Y N P R H L K S E D U E
```

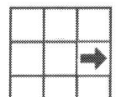

"The Wonderful Wizard of Oz" Vocabulary Chapters 11-15 Part A Word Search 1

```
L R D F X G B R O C A D E I T E X H A U S T E D A S R
W N J K L Y X F K M B A T T E R R G C O M P E L C F
Q C U N N I N G I N O X X Y Z V V V M N M E E K S V
N M Z E B L B I B X T Y F M H F I I K L T F B X O F J
X Y Q L J Y G W U K R T O P L E E K U K M C V L C K L
D O B Q I U Y Q X R I T J I O Z C J R M I T T E W T C
G F T U L R Z M W W A S U P Y I T G U C D Q P D K A C
I F T H W G G D O M I N I O N J U W B Q Y Z W T Y Z R
P B U X Y Z Z T M W E A R V E M J M E I J L V L Y T L
G U J F G H G R H I G U V E D P L A I U H Q I V W Q C
K N K P K E I X R C I E B P R O S P E R O U S R P X J
E A J X B S D U K R N Z A M O U U Z X Y P B D M R X K
A L A S S O R T E D P O X Z K U O Q P N E L Y G T L U
Z U K R X D H Z B E A T P N L E L E Y B H S F I Q U S
S I N G E V I Q V C S V G Q N T A M B J F J D C M V A
V B D Z D A R R R P T H D H N G Y C L V T H X Y U I W
L C B I T T E R L Y X L F G Q Z F J Y G A T E O Q K K
A O V F Q B E R T D G M Z O G N A S H P K B H Q X R T
T M C B L K Y A P C B X A Z J O Z A Z U B W U Z L J H
Z T O K N G Z R J K P Y Z S I U T W M Q R E P M U R S
I M I M M E N S E E Q A Q S F Q S B A S I N L E Q R O
Y O B C Q J B G N T G Q R A L W V G U P L I G H T P E
A K S G L N E J R Y A A J Q Y S X V N X D F C X F N L
C J Q G S T O U T E Q K Z F A E J I S E Q Q C X W T Y
T P V S N E A W Y H I R N E M C V O E V G G R U F F T
B X A B N R Z K L B A C V R T C Y D T K J N T Y G O G
C O N T E N T E D A W K E Q P T K K F D B E S T O W Y
N H U O U I N F W W B B D A I T A L B Z B C C B O Z N
I G R A N T C V K C E R M S M L Z J D K O Y X Y M X Y
O N D W M Z Z U Y R S X H S A Y N P R H L K S E D U E
```

assorted	bitterly	cunning	grant	plight
basin	brocade	dominion	gruff	prosperous
batter	compel	exhausted	immense	singe
bestow	contented	gnash	meek	stout

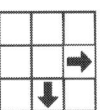

"The Wonderful Wizard of Oz" Vocabulary Chapters 11-15 Part A Word Search 2

```
A Y O V E M E E K Z T M B U C W Y P Q B C W B I J S F
C Z D I P E M Z H V S F I T C N O K R U V A M F T K U
S J T D F Q K V V P J H O P N M A S F D V Q F B P B
U O F C D S T A K I T T J C O P V F M U A H A I U C R
B O J Q B G M E V M I F J E W M G G C B X B Q N X X K
A K U V O R B Y Z M J M Q N A H B T C E X I S P U F G
T I Z D H U F M Q E I J J X D S E U E S Q G L A W C N
T B J O X F Y T A N B W K K D S F F W T R X C K L D A
E W K M A F N Q E S D L G Y X N S I V O T N S W E E S
R I P I K U O S X E H L C B T G H O G W T Z U R B Y H
I J T N N F O C H C S J W Z F L I V K T A M V Z S P G
Q I B I I A C K A B H R U H E B M S Y U L X Z C W B R
V F E O E Q U Q U L H Z S A V D Q N W I U Y O V E A
W H C N X N H W S O C R Q Y S Y X F X E O U L M W K N
I R P K G J N C T D Z F D A U Z Z T E N A T X P P G T
F C B A X P T Y E W N P U L O N X D W L E M N E I B P
S S C K L T F K D N B N B B H Q L Z X U U F P L C E A
P R O S P E R O U S B X I N D K V M T L I K A O B M I
C Z D R C H H I O N V I T V I O P H L Q M I S I B B L
K W D F U U F P R S Q G T A N N X C R F A N S I R R F
Z B S B N N O S I N G E E J T O W M T U S W O Y O Z F
Z K P F N C N E H F V G R Z E D J R J L H P R G C B J
R V W Q I W A W M Y C J L T E N E C T D N E T Y A W J
D V L B N M I I K V L G Y R E K M W B U W Q E B D E D
I M Y I G K V I F V V V N L Z J U H F B Y D E E R L
F M K V Y R O V U V N L H W K C H Q G M F K L T S Q L
S T O U T F E B N P T Q T F D O E L B Z P R P I I D I
D D B A S I N X K P P L I G H T A P U W T H A D X N Z
P L M Q J A F D R D J S Z M V B L H P M K W W P G C O
B C V U N N N U Q E G J E R R C O N T E N T E D Q W W
```

"The Wonderful Wizard of Oz" Vocabulary Chapters 11-15 Part A Word Search 2

```
A Y O V E M E E K Z T M B U C W Y P Q B C W B I J S F
C Z D I P E M Z H V S F I T C N O K R U V A M F T K U
S J T D F Q K V V V P J H O P N M A S F D V Q F B P B
U O F C D S T A K I T T J C O P V F M U A H A I U C R
B O J Q B G M E V M I F J E W M G G C B X B Q N X X K
A K U V O R B Y Z M J M Q N A H B T C E X I S P U F G
T I Z D H U F M Q E I J J X D S E U E S Q G L A W C N
T B J O X F Y T A N B W K K D S F F W T R X C K L D A
E W K M A F N Q E S D L G Y X N S I V O T N S W E E S
R I P I K U O S X E H L C B T G H O G W T Z U R B Y H
I J T N N F O C H C S J W Z F L I V K T A M V Z S P G
Q I B I I A C K A B H R U H E B M S Y U L X Z C W B R
V F E O E Q U Q U L H Z S A V V D Q N W I U Y O V E A
W H C N X N H W S O C R Q Y S Y X F X E O U L M W K N
I R P K G J N C T D Z F D A U Z Z T E N A T X P P G T
F C B A X P T Y E W N P U L O N X D W L E M N E I B P
S S C K L T F K D N B N B B H Q L Z X U U F P L C E A
P R O S P E R O U S B X I N D K V M T L I K A O B M I
C Z D R C H H I O N V I T V I O P H L Q M I S I B B L
K W D F U U F P R S Q G T A N N X C R F A N S I R R F
Z B S B N N O S I N G E E J T O W M T U S W O Y O Z F
Z K P F N C N E H F V G R Z E D J R J L H P R G C B J
R V W Q I W A W M Y C J L T E N E C T D N E T Y A W J
D V L B N M I I K V L G Y R E K M W B U W Q E B D E D
I M Y I G K V I F V V V N L Z J U H F B Y D E E R L
F M K V Y R O V U V N L H W C H Q G M F K L T S Q L
S T O U T F E B N P T Q T F D O E L B Z P R P I I D I
D D B A S I N X K P P L I G H T A P U W T H A D X N Z
P L M Q J A F D R D J S Z M V B L H P P M K W W P G C O
B C V U N N N U Q E G J E R R C O N T E N T E D Q W W
```

assorted	bitterly	cunning	grant	plight
basin	brocade	dominion	gruff	prosperous
batter	compel	exhausted	immense	singe
bestow	contented	gnash	meek	stout

"The Wonderful Wizard of Oz" Vocabulary Chapters 11-15 Part A **Spelling**
Practice writing each word twice in the space provided

assorted		
basin		
batter		
bestow		
bitterly		
brocade		
compel		
contented		
cunning		
dominion		
exhausted		
gnash		
grant		
gruff		
immense		
meek		
plight		
prosperous		
singe		
stout		

"The Wonderful Wizard of Oz" Vocabulary Chapters 11-15 Part A Flash Cards

assorted	consisting of a haphazard variety of different kinds
basin	a bowl-shaped vessel used for holding food or liquids
batter	strike violently and repeatedly
bestow	give as a gift

"The Wonderful Wizard of Oz" Vocabulary Chapters 11-15 Part A Flash Cards

bitterly	indicating something hard to accept
brocade	weave a design into
compel	force somebody to do something
contented	satisfied or showing satisfaction with things as they are

"The Wonderful Wizard of Oz" Vocabulary Chapters 11-15 Part A Flash Cards

cunning	marked by skill in deception
dominion	a region marked off for administrative or other purposes
exhausted	depleted of energy, force, or strength
gnash	grind together

"The Wonderful Wizard of Oz" Vocabulary Chapters 11-15 Part A Flash Cards

grant	bestow, especially officially
gruff	blunt and unfriendly or stern
immense	unusually great in size or amount or extent or scope
meek	humble in spirit or manner

"The Wonderful Wizard of Oz" Vocabulary Chapters 11-15 Part A Flash Cards

plight	a situation from which extrication is difficult
prosperous	marked by peace and success
singe	burn superficially or lightly
stout	having rugged physical strength

"The Wonderful Wizard of Oz" Vocabulary Chapters 11-15 Part A Flash Cards

"The Wonderful Wizard of Oz" Vocabulary Chapters 11-15 Part A Bingo

assorted	bitterly	cunning	grant	plight
basin	brocade	dominion	gruff	prosperous
batter	compel	exhausted	immense	singe
bestow	contented	gnash	meek	stout

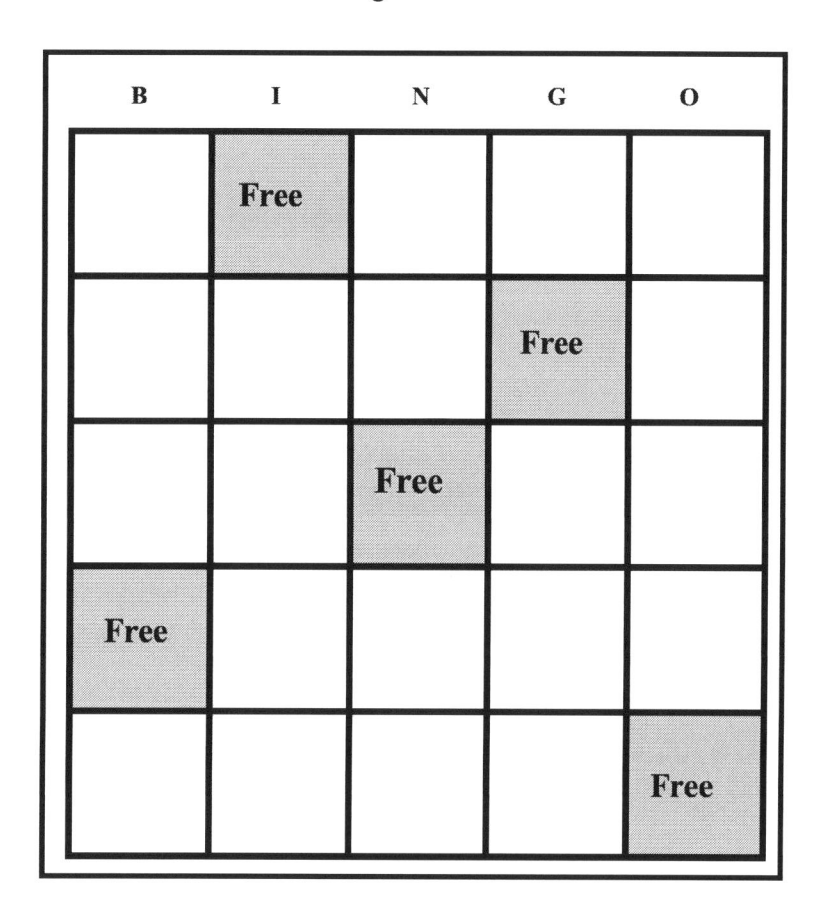

	B	I	N	G	O
		Free			
				Free	
			Free		
	Free				
					Free

Included:
1. **Bingo Card:** -The activity involves providing students with a list of words that they will use to create their own personalized Bingo card. This interactive exercise encourages creativity and critical thinking as students strategically arrange the words on their card. By engaging in this activity, students can enhance their vocabulary, pattern recognition, and problem-solving skills. Additionally, it promotes social interaction and friendly competition among peers. Overall, this activity is a fun and educational way for students to actively participate in learning.
2. **Vocabulary Words with Definitions:** Begin by familiarizing yourself with a curated list of vocabulary words paired with their definitions. This section offers clear, concise explanations to help you understand and remember each term effectively.
3. **Vocabulary Words with Space for Definitions:** Test your understanding by writing your own definitions for a list of vocabulary words. This hands-on practice encourages active learning and helps you internalize each word's meaning.
4. **Vocabulary Definitions with Space to Write the Term:** Challenge yourself by matching definitions with the correct vocabulary words. This exercise helps reinforce your recall and application of the terms based on their meanings.

"The Wonderful Wizard of Oz" Vocabulary Chapters 11-15 Part A Bingo
Using the 20 words listed below create your own Bingo card.

assorted	bitterly	cunning	grant	plight
basin	brocade	dominion	gruff	prosperous
batter	compel	exhausted	immense	singe
bestow	contented	gnash	meek	stout

B I N G O

	Free			
				Free
		Free		
Free				
			Free	

"The Wonderful Wizard of Oz" Vocabulary Chapters 11-15 Part A
Using the 20 words listed below create your own Bingo card.

assorted	bitterly	gruff
basin	brocade	meek
batter	contented	plight
bestow	dominion	prosperous
compel	exhausted	singe
cunning	grant	stout
gnash	immense	

"The Wonderful Wizard of Oz" Vocabulary Chapters 11-15 Part B Bundle

abound	determined	mischief	promptly	vain
bewilderment	hasten	patter	slat	ventriloquist
burnished	humbug	plague	solder	vexed

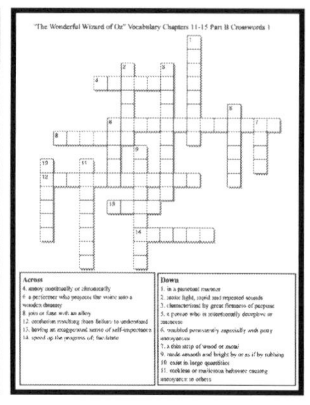

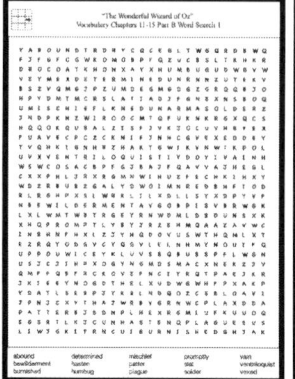

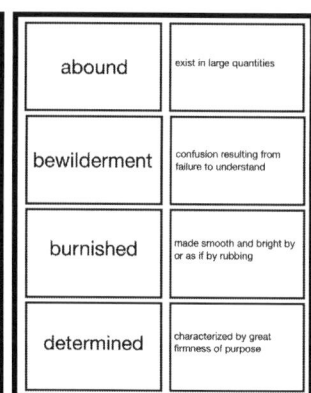

Included:

1. **Vocabulary Words with Definitions:** Begin by familiarizing yourself with a curated list of vocabulary words paired with their definitions. This section offers clear, concise explanations to help you understand and remember each term effectively.
2. **Vocabulary Words with Space for Definitions:** Test your understanding by writing your own definitions for a list of vocabulary words. This hands-on practice encourages active learning and helps you internalize each word's meaning.
3. **Vocabulary Definitions with Space to Write the Term:** Challenge yourself by matching definitions with the correct vocabulary words. This exercise helps reinforce your recall and application of the terms based on their meanings.
4. **Matching Assignments:** Connect terms with their correct definitions to strengthen your word association skills.
5. **Crosswords**: Enjoy a classic puzzle format that challenges you to recall and apply vocabulary in a fun way. To differentiate two versions of each crossword are provided, one with a word list and one without.
6. **Word Searches:** Enjoy finding vocabulary words hidden in a variety of word search puzzles. This fun activity boosts word recognition and spelling skills while offering a break from more traditional exercises.
7. **Spelling Practice:** Sharpen your spelling skills with targeted exercises designed to reinforce the correct spelling of vocabulary words. Practice writing words multiple times to improve accuracy and memory.
8. **Flash Cards:** Enhance your retention with a set of printable flash cards. Each card presents a vocabulary word on one side and its definition on the other, perfect for quick reviews and self-assessment.

"The Wonderful Wizard of Oz" Vocabulary Chapters 11-15 Part B Terms & Definitions

abound	exist in large quantities
bewilderment	confusion resulting from failure to understand
burnished	made smooth and bright by or as if by rubbing
determined	characterized by great firmness of purpose
hasten	speed up the progress of; facilitate
humbug	a person who is intentionally deceptive or insincere
mischief	reckless or malicious behavior causing annoyance in others
patter	make light, rapid and repeated sounds
plague	annoy continually or chronically
promptly	in a punctual manner
slat	a thin strip of wood or metal
solder	join or fuse with an alloy
vain	having an exaggerated sense of self-importance
ventriloquist	a performer who projects the voice into a wooden dummy
vexed	troubled persistently especially with petty annoyances

"The Wonderful Wizard of Oz" Vocabulary Chapters 11-15 Part B Terms

abound	
bewilderment	
burnished	
determined	
hasten	
humbug	
mischief	
patter	
plague	
promptly	
slat	
solder	
vain	
ventriloquist	
vexed	

"The Wonderful Wizard of Oz" Vocabulary Chapters 11-15 Part B Definitions

troubled persistently especially with petty annoyances	
speed up the progress of; facilitate	
reckless or malicious behavior causing annoyance in others	
make light, rapid and repeated sounds	
made smooth and bright by or as if by rubbing	
join or fuse with an alloy	
in a punctual manner	
having an exaggerated sense of self-importance	
exist in large quantities	
confusion resulting from failure to understand	
characterized by great firmness of purpose	
annoy continually or chronically	
a thin strip of wood or metal	
a person who is intentionally deceptive or insincere	
a performer who projects the voice into a wooden dummy	

"The Wonderful Wizard of Oz" Vocabulary Chapters 11-15 Part B Definitions

troubled persistently especially with petty annoyances	**vexed**
speed up the progress of; facilitate	**hasten**
reckless or malicious behavior causing annoyance in others	**mischief**
make light, rapid and repeated sounds	**patter**
made smooth and bright by or as if by rubbing	**burnished**
join or fuse with an alloy	**solder**
in a punctual manner	**promptly**
having an exaggerated sense of self-importance	**vain**
exist in large quantities	**abound**
confusion resulting from failure to understand	**bewilderment**
characterized by great firmness of purpose	**determined**
annoy continually or chronically	**plague**
a thin strip of wood or metal	**slat**
a person who is intentionally deceptive or insincere	**humbug**
a performer who projects the voice into a wooden dummy	**ventriloquist**

"The Wonderful Wizard of Oz" Vocabulary Chapters 11-15 Part B Matching 1

1	abound		A	in a punctual manner
2	bewilderment		B	troubled persistently especially with petty annoyances
3	burnished		C	a thin strip of wood or metal
4	determined		D	a performer who projects the voice into a wooden dummy
5	hasten		E	annoy continually or chronically
6	humbug		F	made smooth and bright by or as if by rubbing
7	mischief		G	exist in large quantities
8	patter		H	join or fuse with an alloy
9	plague		I	characterized by great firmness of purpose
10	promptly		J	make light, rapid and repeated sounds
11	slat		K	confusion resulting from failure to understand
12	solder		L	having an exaggerated sense of self-importance
13	vain		M	a person who is intentionally deceptive or insincere
14	ventriloquist		N	reckless or malicious behavior causing annoyance in others
15	vexed		O	speed up the progress of; facilitate

"The Wonderful Wizard of Oz" Vocabulary Chapters 11-15 Part B Matching 1

1	abound	G	A	in a punctual manner
2	bewilderment	K	B	troubled persistently especially with petty annoyances
3	burnished	F	C	a thin strip of wood or metal
4	determined	I	D	a performer who projects the voice into a wooden dummy
5	hasten	O	E	annoy continually or chronically
6	humbug	M	F	made smooth and bright by or as if by rubbing
7	mischief	N	G	exist in large quantities
8	patter	J	H	join or fuse with an alloy
9	plague	E	I	characterized by great firmness of purpose
10	promptly	A	J	make light, rapid and repeated sounds
11	slat	C	K	confusion resulting from failure to understand
12	solder	H	L	having an exaggerated sense of self-importance
13	vain	L	M	a person who is intentionally deceptive or insincere
14	ventriloquist	D	N	reckless or malicious behavior causing annoyance in others
15	vexed	B	O	speed up the progress of; facilitate

"The Wonderful Wizard of Oz" Vocabulary Chapters 11-15 Part B Crosswords 1

Across
4. annoy continually or chronically
6. a performer who projects the voice into a wooden dummy
8. join or fuse with an alloy
12. confusion resulting from failure to understand
13. having an exaggerated sense of self-importance
14. speed up the progress of; facilitate

Down
1. in a punctual manner
2. make light, rapid and repeated sounds
3. characterized by great firmness of purpose
5. a person who is intentionally deceptive or insincere
6. troubled persistently especially with petty annoyances
7. a thin strip of wood or metal
9. made smooth and bright by or as if by rubbing
10. exist in large quantities
11. reckless or malicious behavior causing annoyance in others

"The Wonderful Wizard of Oz" Vocabulary Chapters 11-15 Part B Crosswords 1

abound
bewilderment
burnished
determined
hasten
humbug
mischief
patter
plague
promptly
slat
solder
vain
ventriloquist
vexed

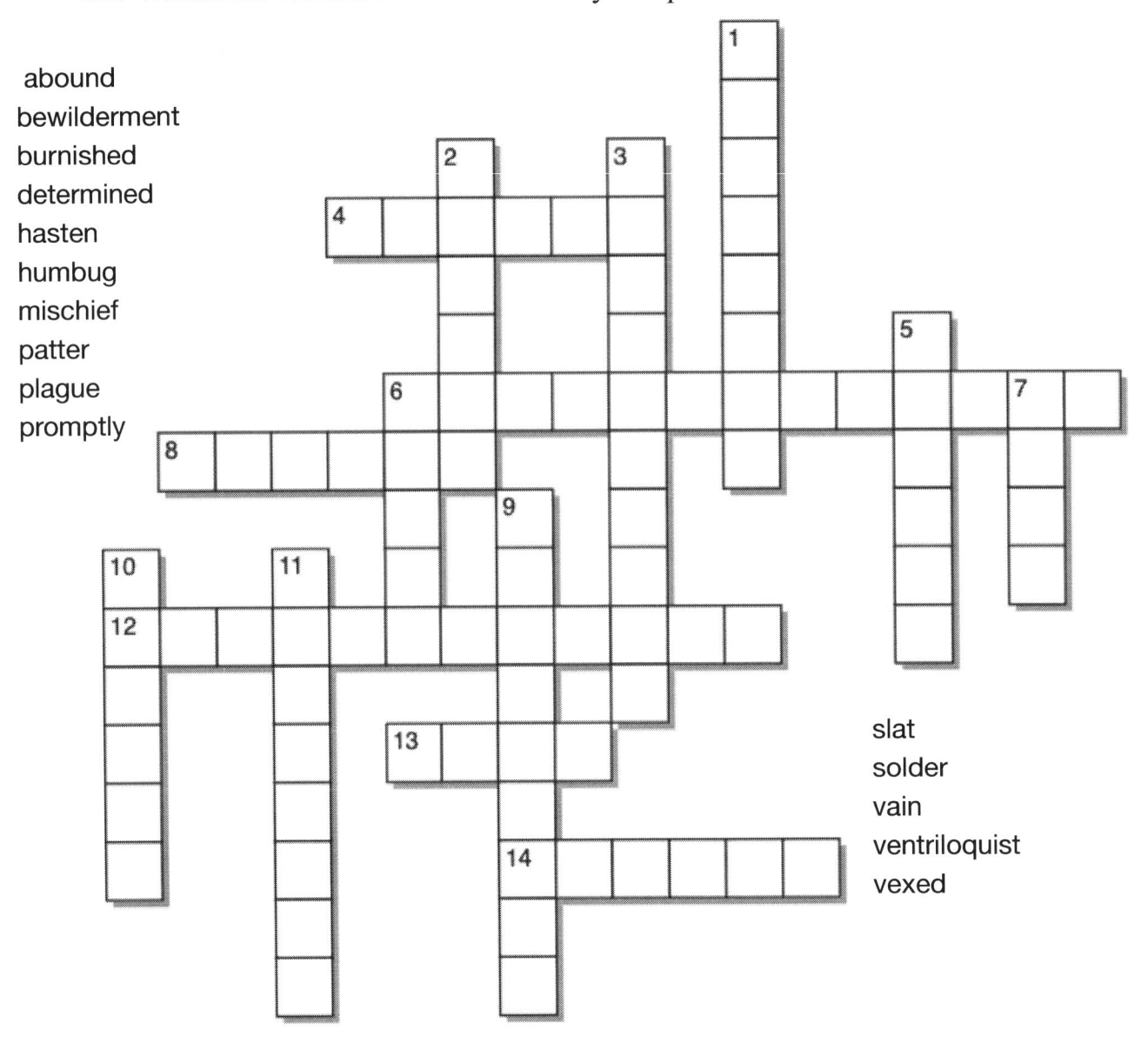

Across

4. annoy continually or chronically
6. a performer who projects the voice into a wooden dummy
8. join or fuse with an alloy
12. confusion resulting from failure to understand
13. having an exaggerated sense of self-importance
14. speed up the progress of; facilitate

Down

1. in a punctual manner
2. make light, rapid and repeated sounds
3. characterized by great firmness of purpose
5. a person who is intentionally deceptive or insincere
6. troubled persistently especially with petty annoyances
7. a thin strip of wood or metal
9. made smooth and bright by or as if by rubbing
10. exist in large quantities
11. reckless or malicious behavior causing annoyance in others

"The Wonderful Wizard of Oz" Vocabulary Chapters 11-15 Part B Crosswords 1

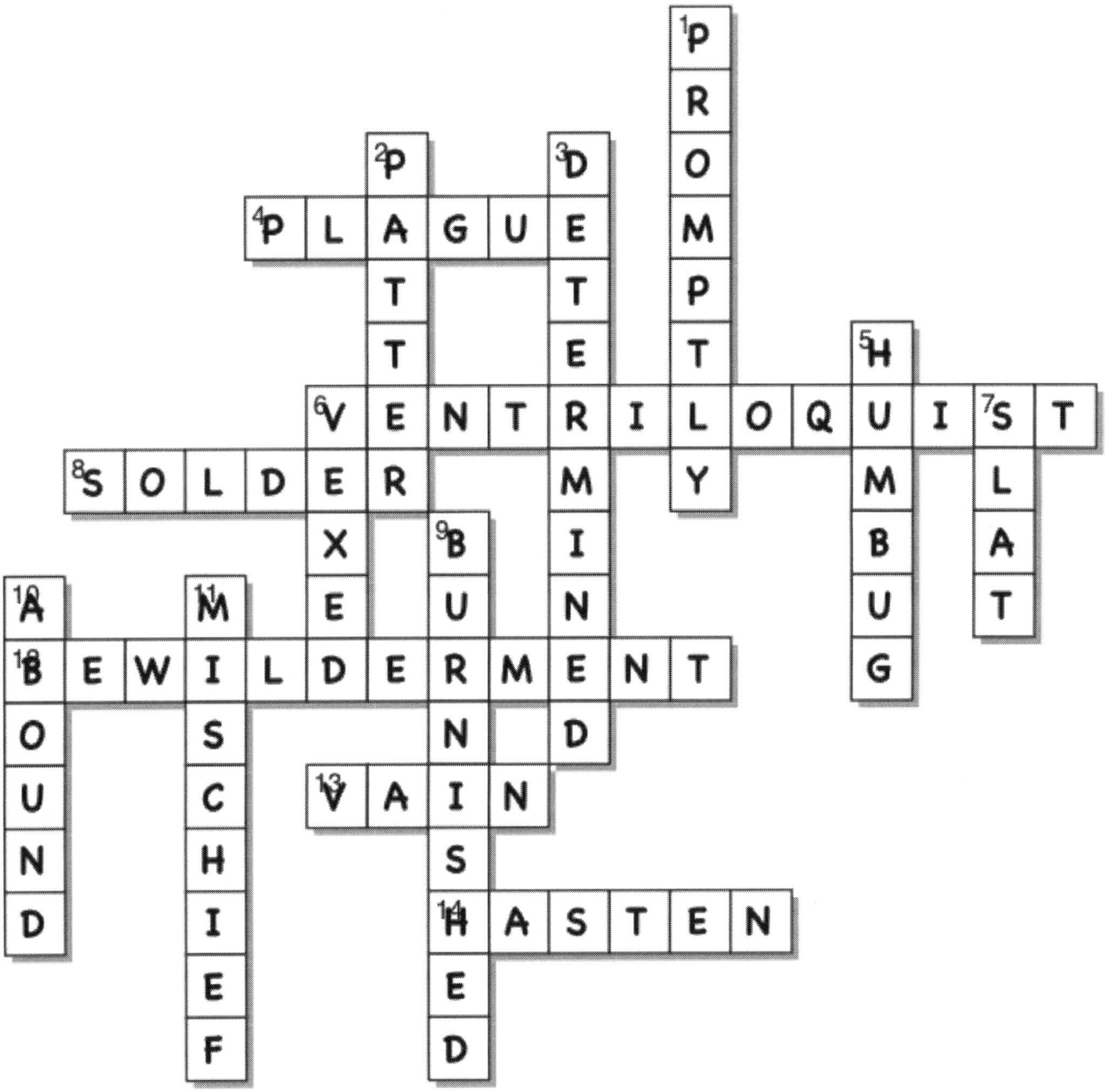
1 PROMPTLY
2 PATTER
3 DETERMINED
4 PLAGUE
5 HUMBUG
6 VENTRILOQUIST
6 VEXE
7 SLAT
8 SOLDER
9 BURNISHED
10 ABOUND
11 MISCHIEF
12 BEWILDERMENT
13 VAIN
14 HASTEN

"The Wonderful Wizard of Oz"
Vocabulary Chapters 11-15 Part B Word Search 1

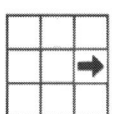

```
Y A B O U N D T R D R Y C Q C E G L T W G Q R D B W Q
F J F G F C G W K O M O B P F Q Z U C B S L T K H K R
D R O C O A T K H O N X A Y X H U M B U G U D W G V W
V E Y M E X D E T E R M I N E D U N R N N Z U T E K V
B S Z V Q M G J P Z U M D E G M G D G Z G R Q Q B J O
H P Y D M T M C R S L A T I A D J F G N B X N S B O Q
U M I S C H I E F L K N E D U N A R M A S O L D E R Z
J N D P K N Z W I R O O C M T Q F U K N K R G X Q C S
H Q Q O K Q U B A L Z I S F J V K J O C U V H B Y E X
F U A V E C P C Z C K N I F J N H C G V E X E D D E Y
T V Q H K I G N H R Z H A K T G W I K V N W T K P O L
U V X V E N T R I L O Q U I S T I Y D O Y I V A I N H
W S W C O S A C B P F G J B A J F Q A V V A J H E G L
C X X P H L J R X R G M N W I H U Z F E C H K I H X Y
W D Z R B U B Z G A L Y D W O I M N R E D B H F I O D
R L R G H P X S L W R K L I L X D L L S Y X D P Y V F
N B E W I L D E R M E N T A V G O B P I B V B R W G K
L X L W M T W B T R G E Y R N W D M L D B D U N S X K
X H Q P R O M P T L Y B Y J R Z E H M Q A A Z A V W C
I N B H N F H X L Z J Y H Q D O V U S W T H Q M L X T
E Z R Q Y O D G V C Y Q G V L E L N H M Y N O U I F Q
U P P O U W I C E Y K L U V S B Q B U B B P F L W G N
U S J C J I H P X O G Y N G M D S M A C X N E K Z J V
Q M F F Q Z F C K O V E F N C I Y R Q T P A E J K R
J K I E E Y N O G D T H E L X U D W G W H F P X A K P
Y D A T L S E B P J Y K B L N D Q O Z C S B L O A V I
J P N J C X Y T H A J W R B V G R N W C P L A X D D A
P A T T E R B J S D N P L H E X R G M I U F K U U O Q
E G S R T L K J C U N H A S T E N Q P L A G U E S U S
L I W J G K I T R N C U I B U R N I S H E D G H J A K
```

"The Wonderful Wizard of Oz"
Vocabulary Chapters 11-15 Part B Word Search 1

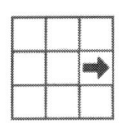

```
Y A B O U N D T R D R Y C Q C E G L T W G Q R D B W Q
F J F G F C G W K O M O B P F Q Z U C B S L T K H K R
D R O C O A T K H O N X A Y X H U M B U G U D W G V W
V E Y M E X D E T E R M I N E D U N R N N Z U T E K V
B S Z V Q M G J P Z U M D E G M G D G Z G R Q Q B J O
H P Y D M T M C R S L A T I A D J F G N B X N S B O Q
U M I S C H I E F L K N E D U N A R M A S O L D E R Z
J N D P K N Z W I R O O C M T Q F U K N K R G X Q C S
H Q Q O K Q U B A L Z I S F J V K J O C U V H B Y E X
F U A V E C P C Z C K N I F J N H C G V E X E D D E Y
T V Q H K I G N H R Z H A K T G W I K V N W T K P O L
U V X V E N T R I L O Q U I S T I Y D O Y I V A I N H
W S W C O S A C B P F G J B A J F Q A V V A J H E G L
C X X P H L J R X R G M N W I H U Z F E C H K I H X Y
W D Z R B U B Z G A L Y D W O I M N R E D B H F I O D
R L R G H P X S L W R K L I L X D L L S Y X D P Y V F
N B E W I L D E R M E N T A V G O B P I B V B R W G K
L X L W M T W B T R G E Y R N W D M L D B D U N S X K
X H Q P R O M P T L Y B Y J R Z E H M Q A A Z A V W C
I N B H N F H X L Z J Y H Q D O V U S W T H Q M L X T
E Z R Q Y O D G V C Y Q G V L E L N H M Y N O U I F Q
U P P O U W I C E Y K L U V S B Q B U B B P F L W G N
U S J C J I H P X O G Y N G M D S M A C X N E K Z J V
Q M F F Q B F R C K O V E F N C I Y R Q T P A E J K R
J K I E E Y N O G D T H E L X U D W G W H F P X A K P
Y D A T L S E B P J Y K B L N D Q O Z C S B L O A V I
J P N J C X Y T H A J W R B V G R N W C P L A X D D A
P A T T E R B J S D N P L H E X R G M I U F K U U O Q
E G S R T L K J C U N H A S T E N Q P L A G U E S U S
L I W J G K I T R N C U I B U R N I S H E D G H J A K
```

abound	determined	mischief	promptly	vain
bewilderment	hasten	patter	slat	ventriloquist
burnished	humbug	plague	solder	vexed

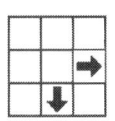

"The Wonderful Wizard of Oz"
Vocabulary Chapters 11-15 Part B Word Search 2

```
P R O M P T L Y A P K O J I N S M A H E Y F E L V E R
C F Q E Z E H P I Z X Q D K K B L U K K B N Q K Y P F
D Y A U W M M R G F Y I B C E V Y L D N M R T J T P E
J K X O G M U E K G K S J G S R L I V N L A O I I X
Z E O A Z M S M P G W N C B V C L B Z K U S V Q B J F
J N J S M Y Y H A S T E N F E T B D V L P D N I K V T
U D G V A V S C W C Q U B E N V C Y G S Z T Z S G E G
R X C M U J Q L A O U P I L T O Z I J C R J G Q N X Q
G L J O C Q I C U R E S D A R H H W O P J Z N G P E Z
U K C C O D T B A G S I J Y I P O R C J C G S B L D R
O N X M M Y E M G B C V U B L E K Z X C E U A E A E G
V J C A W E B A O J F W O Y O Z N C N U A I W G B N
P N F R J H P B A T H L B W Q B R U Y X I Q K I U L F
E H Y U L N Q H H K P C Q U U X A E Y J O J L E K H
T A Y L G N R N Z L E K N A I F R O C K S X E D I N K
L I I T M K L D Z A M L J I S S F K W H W L E E S K G
U N A R K W O N G L H P X A T D J S C I D K K R O E P
C I L G H Y G I Q E O E B B N O S S L A T C N M L C I
H O C F W M C O N L T T K O R C Z H M H T M E E D V T
S D L K M Y I L Y P Y A Q U O L I F R P K I I N E P A
K J D E T E R M I N E D O N W T G E F H H F B T R D K
U F R X O I L X D E T Q T D D J E V R D T M L V G S F
W S O A C F R B T Q W H R T X S J V I Z N G T Q O V B
P N B O D S W B V M I G Y E Y X B O X F J W E E Q C M
K Q O B O C O N U N K J G H U F M G F E A B U A W A H
N L S Q F N V B K I S D K E P K O H Y T B V K J Z B R
W V T M I S C H I E F U C G M R J Q R X B G X G C K Z
N H U M B U G E J B U R N I S H E D Q U V P J P E O R
M T V A I N Y P L O Y R V P V T Z N T W F E V X R I Y
O A S I B V V K E U D R A O D L G P A T T E R E D V I
```

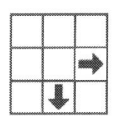

"The Wonderful Wizard of Oz"
Vocabulary Chapters 11-15 Part B Word Search 2

```
P R O M P T L Y A P K O J I N S M A H E Y F E L V E R
C F Q E Z E H P I X Q D K K B L U K K B N Q K P F
D Y A U W M M R G F Y I B C E V Y L D N M R T J T P E
J K X O G M U E K E G K S J G S R L I V N L A O I I X
Z E O A Z M S M P G W N C B V C L B Z K U S V Q B J F
J N J S M Y Y H A S T E N F E T B D V L P D N I K V T
U D G V A V S C W C Q U B E N V C Y G S Z T Z S G E G
R X C M U J Q L A O U P I L T O Z I J C R J G Q N X Q
G L J O C Q I C U R E S D A R H H W O P J Z N G P E Z
U K C C O D T B A G S I J Y I P O R C J C G S B L D R
O N X M M Y E M G B C V U B L E K Z X C E U A E A E G
V J C A W E B A O J F W O Y O Z N Z C N U A I W G B N
P N F R J H P B A T H L B W Q B R U Y X I Q K I U L F
E H Y U L N Q H H D K P C Q U U X A E Y J O J L E K H
T A Y L G N R N Z L E K N A I F R O C K S X E D I N K
L I I T M K L D Z A M L J I S S F K W H W L E E S K G
U N A R K W O N G L H P X A T D J S C I D K K R O E P
C I L G H Y G I Q E O E B B N O S S L A T C N M L C I
H O C F W M C O N L T T K O R C Z H M H T M E E D V T
S D L K M Y I L Y P Y A Q U O L I F R P K I I N E P A
K J D E T E R M I N E D O N W T G E F H H F B T R D K
U F R X O I L X D E T Q T D D J E V R D T M L V G S F
W S O A C F R B T Q W H R T X S J V I Z N G T Q O V B
P N B O D S W B V M I G Y E Y X B O X F J W E E Q C M
K Q O B O C O N U N K J G H U F M G F E A B U A W A H
N L S Q F N V B K I S D K E P K O H Y T B V K J Z B R
W V T M I S C H I E F U C G M R J Q R X B G X G C K Z
N H U M B U G E J B U R N I S H E D Q U V P J P E O R
M T V A I N Y P L O Y R V P V T Z N T W F E V X R I Y
O A S I B V V K E U D R A O D L G P A T T E R E D V I
```

abound   determined   mischief   promptly   vain
bewilderment hasten   patter   slat   ventriloquist
burnished   humbug   plague   solder   vexed

"The Wonderful Wizard of Oz" Vocabulary Chapters 11-15 Part B Spelling
Practice writing each word twice in the space provided

abound		
bewilderment		
burnished		
determined		
hasten		
humbug		
mischief		
patter		
plague		
promptly		
slat		
solder		
vain		
ventriloquist		
vexed		

"The Wonderful Wizard of Oz" Vocabulary Chapters 11-15 Part B Flash Cards

abound	exist in large quantities
bewilderment	confusion resulting from failure to understand
burnished	made smooth and bright by or as if by rubbing
determined	characterized by great firmness of purpose

"The Wonderful Wizard of Oz" Vocabulary Chapters 11-15 Part B Flash Cards

hasten	speed up the progress of; facilitate
humbug	a person who is intentionally deceptive or insincere
mischief	reckless or malicious behavior causing annoyance in others
patter	make light, rapid and repeated sounds

"The Wonderful Wizard of Oz" Vocabulary Chapters 11-15 Part B Flash Cards

plague	annoy continually or chronically
promptly	in a punctual manner
slat	a thin strip of wood or metal
solder	join or fuse with an alloy

"The Wonderful Wizard of Oz" Vocabulary Chapters 11-15 Part B Flash Cards

vain	having an exaggerated sense of self-importance
ventriloquist	a performer who projects the voice into a wooden dummy
vexed	troubled persistently especially with petty annoyances

"The Wonderful Wizard of Oz" Vocabulary Chapters 11-15 Part B Flash Cards

"The Wonderful Wizard of Oz" Vocabulary Chapters 11-15 Part B Bingo

abound	determined	mischief	promptly	vain
bewilderment	hasten	patter	slat	ventriloquist
burnished	humbug	plague	solder	vexed

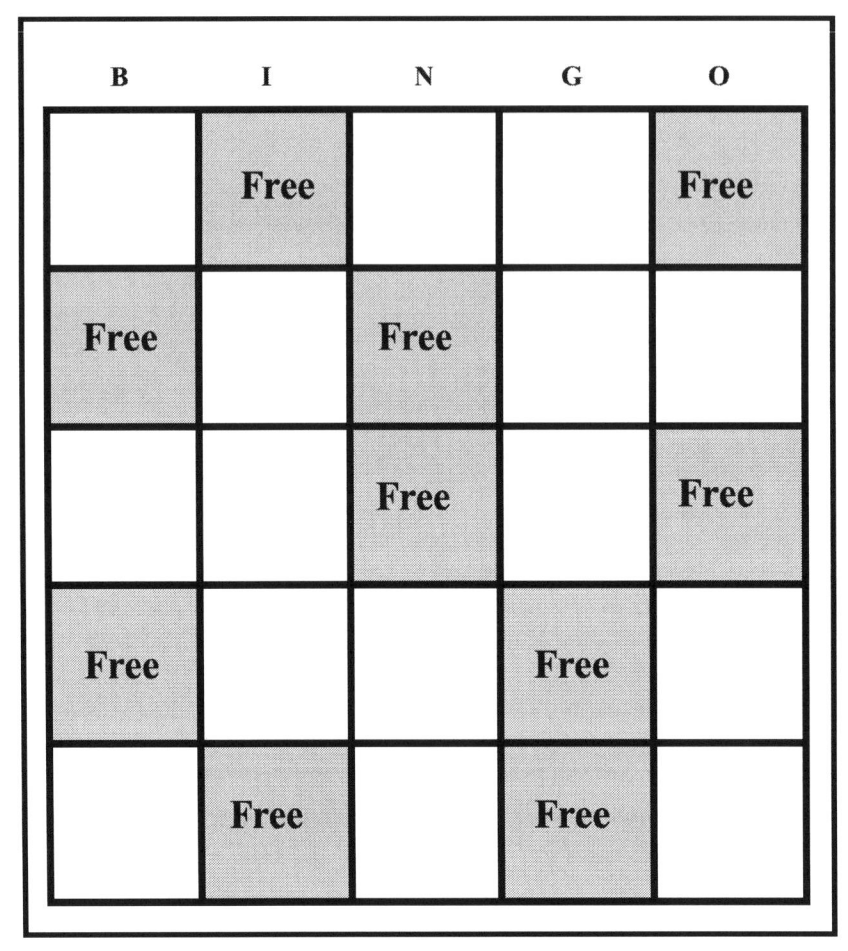

B	I	N	G	O
	Free			Free
Free		Free		
		Free		Free
Free			Free	
	Free		Free	

Included:
1. **Bingo Card:-**The activity involves providing students with a list of words that they will use to create their own personalized Bingo card. This interactive exercise encourages creativity and critical thinking as students strategically arrange the words on their card. By engaging in this activity, students can enhance their vocabulary, pattern recognition, and problem-solving skills. Additionally, it promotes social interaction and friendly competition among peers. Overall, this activity is a fun and educational way for students to actively participate in learning.
2. **Vocabulary Words with Definitions:** Begin by familiarizing yourself with a curated list of vocabulary words paired with their definitions. This section offers clear, concise explanations to help you understand and remember each term effectively.
3. **Vocabulary Words with Space for Definitions:** Test your understanding by writing your own definitions for a list of vocabulary words. This hands-on practice encourages active learning and helps you internalize each word's meaning.
4. **Vocabulary Definitions with Space to Write the Term:** Challenge yourself by matching definitions with the correct vocabulary words. This exercise helps reinforce your recall and application of the terms based on their meanings.

"The Wonderful Wizard of Oz" Vocabulary Chapters 11-15 Part B
Using the 15 words listed below create your own Bingo card.

abound	determined	mischief	promptly	vain
bewilderment	hasten	patter	slat	ventriloquist
burnished	humbug	plague	solder	vexed

B   I   N   G   O

	Free			Free
Free		Free		
		Free		Free
Free			Free	
	Free		Free	

"The Wonderful Wizard of Oz" Vocabulary Chapters 11-15 Part B
Using the 15 words listed below create your own Bingo card.

abound	hasten	slat
bewilderment	humbug	solder
burnished	patter	vain
determined	plague	ventriloquist
mischief	promptly	vexed

"The Wonderful Wizard of Oz" Chapters 16-24

assemblage	considerable	fulfillment	notion	steeple
bodice	deprive	headlong	presentable	sulky
bog	doublet	lot	prim	summon
boisterous	engaged	mantel	rank	thoroughly
brittle	ermine	modest	saucy	twine
clatter	fancy	mourn	slender	withstand
coarse	foe	nevertheless	spire	yonder

"The Wonderful Wizard of Oz" Chapters 16-24 Part A

bodice	ermine	lot	prim	sulky
clatter	fancy	modest	saucy	summon
doublet	fulfillment	mourn	spire	thoroughly
engaged	headlong	notion	steeple	twine

"The Wonderful Wizard of Oz" Chapters 16-24 Part B

assemblage	brittle	deprive	nevertheless	slender
bog	coarse	foe	presentable	withstand
boisterous	considerable	mantel	rank	yonder

Included:
- Vocabulary List with Space for definition
- Definitions List with space to provide correct vocabulary word
- 3 Matching assignments
- 3 Crossword puzzles
- To differentiate a version of the Crossword with a word list is provided
- 6 Word Searches
- To differentiate different word directions are used in the word searches
- Spelling Activities
- Flash Cards

"The Wonderful Wizard of Oz" Chapters 16-24 Bundle

assemblage	considerable	fulfillment	notion	steeple
bodice	deprive	headlong	presentable	sulky
bog	doublet	lot	prim	summon
boisterous	engaged	mantel	rank	thoroughly
brittle	ermine	modest	saucy	twine
clatter	fancy	mourn	slender	withstand
coarse	foe	nevertheless	spire	yonder

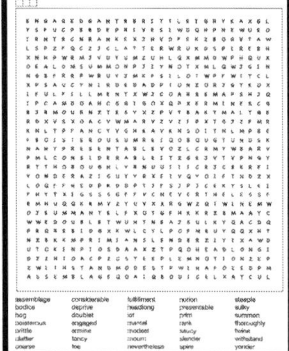

Included
- Vocabulary Terms & Definitions
- Vocabulary List with Space for definition
- Definitions List with space to provide correct vocabulary word
- Matching assignment
- Crossword puzzle
    To differentiate a version of the Crossword with a word list is provided
- 2 Word Searches
- Spelling
- 40 Flash Cards

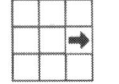

Word Directions

"The Wonderful Wizard of Oz" Chapters 16-24 Vocabulary Terms & Definitions

assemblage	a group of persons together in one place
bodice	part of a dress above the waist
bog	wet spongy ground of decomposing vegetation
boisterous	noisy and lacking in restraint or discipline
brittle	having little elasticity
clatter	a rattling noise
coarse	rough to the touch
considerable	large in number, amount, extent, or degree
deprive	keep from having, keeping, or obtaining
doublet	a man's close-fitting jacket, worn during the renaissance
engaged	having one's attention or mind or energy consumed
ermine	the expensive white fur of a small mammal
fancy	imagination, especially of a casual or whimsical kind
foe	a personal enemy
fulfillment	the act of consummating something, as a desire or promise
headlong	with the upper or anterior part of the body foremost
lot	your overall circumstances or condition in life
mantel	a shelf that projects from the wall above a fireplace
modest	marked by simplicity; having a humble opinion of yourself
mourn	feel sadness
nevertheless	despite anything to the contrary
notion	a vague idea in which some confidence is placed
presentable	fit to be seen
prim	affectedly dainty or refined
rank	growing profusely

"The Wonderful Wizard of Oz" Chapters 16-24 Vocabulary Terms & Definitions

saucy	improperly forward or bold
slender	very narrow
spire	a tall tower that forms the superstructure of a building
steeple	a tall tower that forms the superstructure of a building
sulky	sullen or moody
summon	call in an official matter, such as to attend court
thoroughly	in an exhaustive manner
twine	arrange or coil around
withstand	stand up or offer resistance to somebody or something
yonder	in an indicated distant place

"The Wonderful Wizard of Oz" Chapters 16-24 Vocabulary Terms

assemblage	
bodice	
bog	
boisterous	
brittle	
clatter	
coarse	
considerable	
deprive	
doublet	
engaged	
ermine	
fancy	
foe	
fulfillment	
headlong	
lot	
mantel	
modest	
mourn	
nevertheless	
notion	
presentable	
prim	
rank	

"The Wonderful Wizard of Oz" Chapters 16-24 Vocabulary Terms

saucy	
slender	
spire	
steeple	
sulky	
summon	
thoroughly	
twine	
withstand	
yonder	

"The Wonderful Wizard of Oz" Chapters 16-24 Definitions

a group of persons together in one place	
a man's close-fitting jacket, worn during the renaissance	
a personal enemy	
a rattling noise	
a shelf that projects from the wall above a fireplace	
a tall tower that forms the superstructure of a building	
a tall tower that forms the superstructure of a building	
a vague idea in which some confidence is placed	
affectedly dainty or refined	
arrange or coil around	
call in an official matter, such as to attend court	
despite anything to the contrary	
feel sadness	
fit to be seen	
growing profusely	
having little elasticity	
having one's attention or mind or energy consumed	
imagination, especially of a casual or whimsical kind	
improperly forward or bold	
in an exhaustive manner	
in an indicated distant place	
keep from having, keeping, or obtaining	
large in number, amount, extent, or degree	
marked by simplicity; having a humble opinion of yourself	
noisy and lacking in restraint or discipline	

"The Wonderful Wizard of Oz" Chapters 16-24 Definitions

part of a dress above the waist	
rough to the touch	
stand up or offer resistance to somebody or something	
sullen or moody	
the act of consummating something, as a desire or promise	
the expensive white fur of a small mammal	
very narrow	
wet spongy ground of decomposing vegetation	
with the upper or anterior part of the body foremost	
your overall circumstances or condition in life	

"The Wonderful Wizard of Oz" Chapters 16-24 Definitions

a group of persons together in one place	**assemblage**
a man's close-fitting jacket, worn during the renaissance	**doublet**
a personal enemy	**foe**
a rattling noise	**clatter**
a shelf that projects from the wall above a fireplace	**mantel**
a tall tower that forms the superstructure of a building	**spire**
a tall tower that forms the superstructure of a building	**steeple**
a vague idea in which some confidence is placed	**notion**
affectedly dainty or refined	**prim**
arrange or coil around	**twine**
call in an official matter, such as to attend court	**summon**
despite anything to the contrary	**nevertheless**
feel sadness	**mourn**
fit to be seen	**presentable**
growing profusely	**rank**
having little elasticity	**brittle**
having one's attention or mind or energy consumed	**engaged**
imagination, especially of a casual or whimsical kind	**fancy**
improperly forward or bold	**saucy**
in an exhaustive manner	**thoroughly**
in an indicated distant place	**yonder**
keep from having, keeping, or obtaining	**deprive**
large in number, amount, extent, or degree	**considerable**
marked by simplicity; having a humble opinion of yourself	**modest**
noisy and lacking in restraint or discipline	**boisterous**

"The Wonderful Wizard of Oz" Chapters 16-24 Definitions

part of a dress above the waist	bodice
rough to the touch	coarse
stand up or offer resistance to somebody or something	withstand
sullen or moody	sulky
the act of consummating something, as a desire or promise	fulfillment
the expensive white fur of a small mammal	ermine
very narrow	slender
wet spongy ground of decomposing vegetation	bog
with the upper or anterior part of the body foremost	headlong
your overall circumstances or condition in life	lot

"The Wonderful Wizard of Oz" Chapters 16-24 Matching

1	assemblage		A	affectedly dainty or refined
2	bodice		B	a vague idea in which some confidence is placed
3	bog		C	the expensive white fur of a small mammal
4	boisterous		D	feel sadness
5	brittle		E	a tall tower that forms the superstructure of a building
6	clatter		F	marked by simplicity; having a humble opinion of yourself
7	coarse		G	part of a dress above the waist
8	considerable		H	call in an official matter, such as to attend court
9	deprive		I	with the upper or anterior part of the body foremost
10	doublet		J	imagination, especially of a casual or whimsical kind
11	engaged		K	your overall circumstances or condition in life
12	ermine		L	sullen or moody
13	fancy		M	a rattling noise
14	foe		N	having one's attention or mind or energy consumed
15	fulfillment		O	a tall tower that forms the superstructure of a building
16	headlong		P	improperly forward or bold
17	lot		Q	the act of consummating something, as a desire or promise
18	mantel		R	a man's close-fitting jacket, worn during the renaissance
19	modest		S	in an exhaustive manner
20	mourn		T	arrange or coil around

"The Wonderful Wizard of Oz" Chapters 16-24 Matching

21	nevertheless		U	noisy and lacking in restraint or discipline
22	notion		V	a group of persons together in one place
23	presentable		W	very narrow
24	prim		X	having little elasticity
25	rank		Y	stand up or offer resistance to somebody or something
26	saucy		Z	a shelf that projects from the wall above a fireplace
27	slender		AA	despite anything to the contrary
28	spire		BB	a personal enemy
29	steeple		CC	fit to be seen
30	sulky		DD	wet spongy ground of decomposing vegetation
31	summon		EE	in an indicated distant place
32	thoroughly		FF	keep from having, keeping, or obtaining
33	twine		GG	rough to the touch
34	withstand		HH	large in number, amount, extent, or degree
35	yonder		II	growing profusely

"The Wonderful Wizard of Oz" Chapters 16-24 Matching

1	assemblage	V	A	affectedly dainty or refined
2	bodice	G	B	a vague idea in which some confidence is placed
3	bog	DD	C	the expensive white fur of a small mammal
4	boisterous	U	D	feel sadness
5	brittle	X	E	a tall tower that forms the superstructure of a building
6	clatter	M	F	marked by simplicity; having a humble opinion of yourself
7	coarse	GG	G	part of a dress above the waist
8	considerable	HH	H	call in an official matter, such as to attend court
9	deprive	FF	I	with the upper or anterior part of the body foremost
10	doublet	R	J	imagination, especially of a casual or whimsical kind
11	engaged	N	K	your overall circumstances or condition in life
12	ermine	C	L	sullen or moody
13	fancy	J	M	a rattling noise
14	foe	BB	N	having one's attention or mind or energy consumed
15	fulfillment	Q	O	a tall tower that forms the superstructure of a building
16	headlong	I	P	improperly forward or bold
17	lot	K	Q	the act of consummating something, as a desire or promise
18	mantel	Z	R	a man's close-fitting jacket, worn during the renaissance
19	modest	F	S	in an exhaustive manner
20	mourn	D	T	arrange or coil around

"The Wonderful Wizard of Oz" Chapters 16-24 Matching

21	nevertheless	AA	U	noisy and lacking in restraint or discipline
22	notion	B	V	a group of persons together in one place
23	presentable	CC	W	very narrow
24	prim	A	X	having little elasticity
25	rank	II	Y	stand up or offer resistance to somebody or something
26	saucy	P	Z	a shelf that projects from the wall above a fireplace
27	slender	W	AA	despite anything to the contrary
28	spire	O or E	BB	a personal enemy
29	steeple	O or E	CC	fit to be seen
30	sulky	L	DD	wet spongy ground of decomposing vegetation
31	summon	H	EE	in an indicated distant place
32	thoroughly	S	FF	keep from having, keeping, or obtaining
33	twine	T	GG	rough to the touch
34	withstand	Y	HH	large in number, amount, extent, or degree
35	yonder	EE	II	growing profusely

"The Wonderful Wizard of Oz" Chapters 16-24 Crossword

"The Wonderful Wizard of Oz" Chapters 16-24 Crossword

Across

2. improperly forward or bold
5. stand up or offer resistance to somebody or something
9. a group of persons together in one place
10. affectedly dainty or refined
11. keep from having, keeping, or obtaining
13. very narrow
15. a personal enemy
17. a shelf that projects from the wall above a fireplace
19. fit to be seen
20. wet spongy ground of decomposing vegetation
22. in an indicated distant place
23. rough to the touch
26. a vague idea in which some confidence is placed
27. sullen or moody
29. the act of consummating something, as a desire or promise
31. call in an official matter, such as to attend court
32. part of a dress above the waist
33. imagination, especially of a casual or whimsical kind

Down

1. arrange or coil around
3. a rattling noise
4. the expensive white fur of a small mammal
6. a tall tower that forms the superstructure of a building
7. despite anything to the contrary
8. noisy and lacking in restraint or discipline
11. a man's close-fitting jacket, worn during the Renaissance
12. growing profusely
14. having one's attention or mind or energy consumed
16. a tall tower that forms the superstructure of a building
18. with the upper or anterior part of the body foremost
20. having little elasticity
21. large in number, amount, extent, or degree
24. in an exhaustive manner
25. marked by simplicity; having a humble opinion of yourself
28. your overall circumstances or condition in life
30. feel sadness

"The Wonderful Wizard of Oz" Chapters 16-24 Crossword

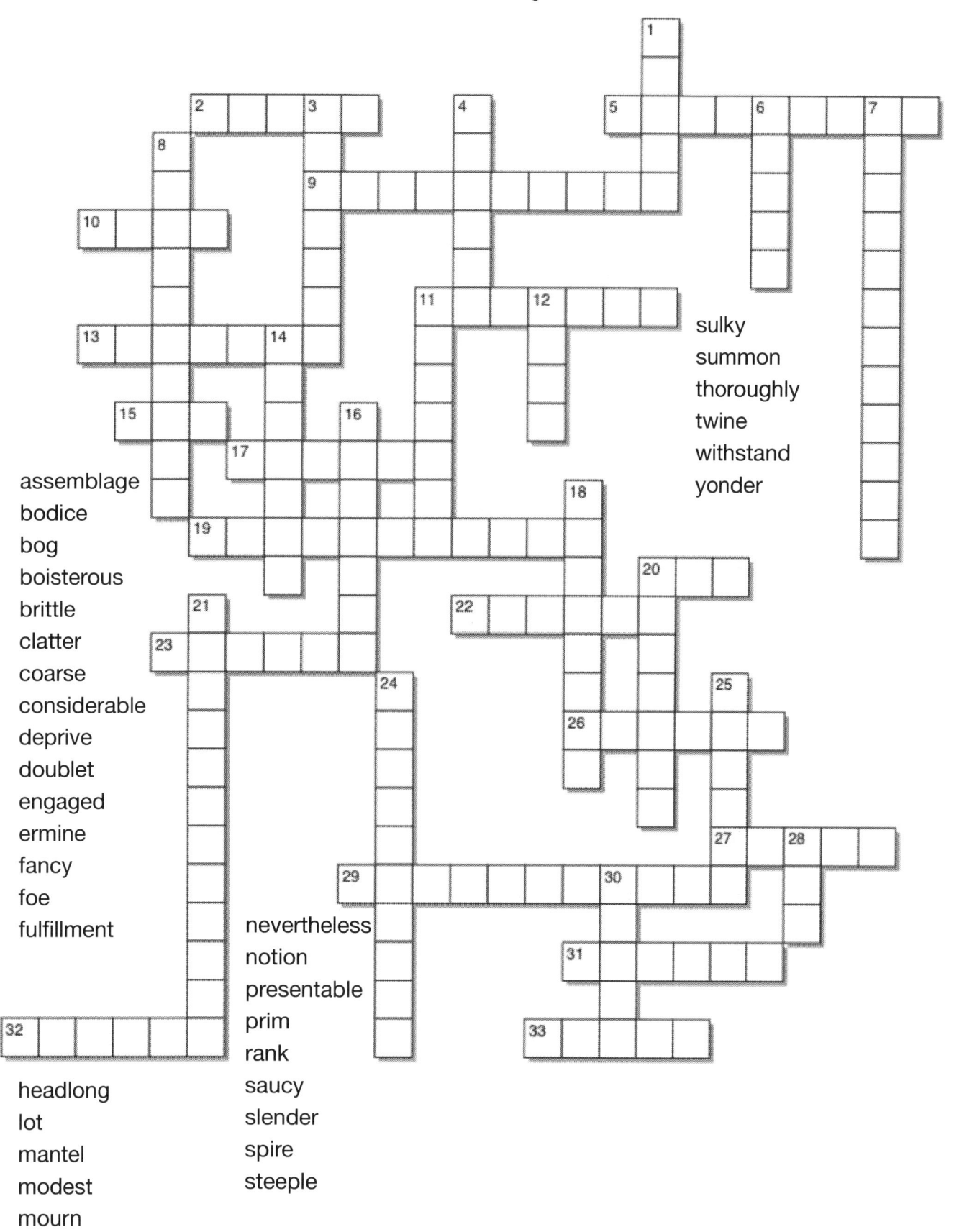

sulky
summon
thoroughly
twine
withstand
yonder

assemblage
bodice
bog
boisterous
brittle
clatter
coarse
considerable
deprive
doublet
engaged
ermine
fancy
foe
fulfillment

headlong
lot
mantel
modest
mourn

nevertheless
notion
presentable
prim
rank
saucy
slender
spire
steeple

"The Wonderful Wizard of Oz" Chapters 16-24 Crosswords

"The Wonderful Wizard of Oz" Chapters 16-24 Word Search 1

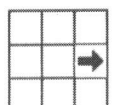

```
E N G A G E D G A N T B B R I T T L E I G R Y K A X G L
Y S F U C P B B D E P R I V E S I W D Q H P N E W U E O
I R N T B C N R A N K E X J H V D F E K Z B O G V T A W
L S P Z F Q C Z J C L A T T E R W R U K D S P I R E B H
X N H P W R M J V D Y U M Z U H L Q X M M D W P H Q U X
O E A L D M S U M M O N P J I Y N O T X M L Q W J G I N
N G B F R R P W R U Y J M K F S I L O T W P F W T T C L
X P S A U C Y N I R D E D A D P T O N Z O R J G T K O X
I F U L F I L L M E N T X W J C O A R S E M A P S H J Q
I P C A M D O A H C G G I G O X Q P X E R M I N E S C G
B J R M O U R N Z T E S Y X Z P V T B A K T M A L T G E
R D X V S X O A C V W M A R V Z V Z I P X T G J Z F M R
K N L T P F A N C Y V G H K A V K N S O I T N L M P B E
F B O I S T E R O U S U M R E I Q O B Q U G T U N D S K
N A H Y P R E S E N T A B L E V O Z L C R M Y W B A R V
P M L C O N S I D E R A B L E I T Z G E J V T V P N G Y
R T T H O R O U G H L Y R N U U I I I C R J C B K R E I
Y O N D E R A Z I G U Y Y R X E I V Q Y O I F T N D Z X
L O Q F F H E D P K D D P T J F S J P J C E K Y S L E I
F H Y T X I G S S S G F F V C N E V E R T H E L E S S F
B M H U Q Q K K M V Z Y U V X X R G W Z Q T W I N E M W
O J E U M M A N T E L F X O T G F H K K R Z S M A A Y C
W W E D O U B L E T W U H T N E A J S U L K Y Q A C D Q
P R Q R E B I D G X K W L C Y L P O F M S U Y Q Q X H T
N Z B K K M P R I M I A N S L E N D E R Z I Y I X A W D
U T O K I N P I O S D A A X Z T P Q O H E A D L O N G I
D J Z H T O A C P Z C S T E E P L E M N O T I O N Z E P
Z W I T H S T A N D M O D E S T P W I H A F O E E D P M
A S S E M B L A G E Q O A I Q B O D I C E L X A T C U L
```

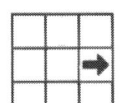

"The Wonderful Wizard of Oz" Chapters 16-24 Word Search 1

```
E N G A G E D G A N T B B R I T T L E I G R Y K A X G L
Y S F U C P B B D E P R I V E S I W D Q H P N E W U E O
I R N T B C N R A N K E X J H V D F E K Z B O G V T A W
L S P Z F Q C Z J C L A T T E R W R U K D S P I R E B H
X N H P W R M J V D Y U M Z U H L Q X M M D W P H Q U X
O E A L D M S U M M O N P J I Y N O T X M L Q W J G I N
N G B F R R P W R U Y J M K F S I L O T W P F W T T C L
X P S A U C Y N I R D E D A D P T O N Z O R J G T K O X
I F U L F I L L M E N T X W J C O A R S E M A P S H J Q
I P C A M D O A H C G G I G O X Q P X E R M I N E S C G
B J R M O U R N Z T E S Y X Z P V T B A K T M A L T G E
R D X V S X O A C V W M A R V Z V Z I P X T G J Z F M R
K N L T P F A N C Y V G H K A V K N S O I T N L M P B E
F B O I S T E R O U S U M R E I Q O B Q U G T U N D S K
N A H Y P R E S E N T A B L E V O Z L C R M Y W B A R V
P M L C O N S I D E R A B L E I T Z G E J V T V P N G Y
R T T H O R O U G H L Y R N U U I I I C R J C B K R E I
Y O N D E R A Z I G U Y Y R X E I V Q Y O I F T N D Z X
L O Q F F H E D P K D D P T J F S J P J C E K Y S L E I
F H Y T X I G S S S G F F V C N E V E R T H E L E S S F
B M H U Q Q K K M V Z Y U V X X R G W Z Q T W I N E M W
O J E U M M A N T E L F X O T G F H K K R Z S M A A Y C
W W E D O U B L E T W U H T N E A J S U L K Y Q A C D Q
P R Q R E B I D G X K W L C Y L P O F M S U Y Q Q X H T
N Z B K K M P R I M I A N S L E N D E R Z I Y I X A W D
U T O K I N P I O S D A A X Z T P Q O H E A D L O N G I
D J Z H T O A C P Z C S T E E P L E M N O T I O N Z E P
Z W I T H S T A N D M O D E S T P W I H A F O E E D P M
A S S E M B L A G E Q O A I Q B O D I C E L X A T C U L
```

assemblage	considerable	fulfillment	notion	steeple
bodice	deprive	headlong	presentable	sulky
bog	doublet	lot	prim	summon
boisterous	engaged	mantel	rank	thoroughly
brittle	ermine	modest	saucy	twine
clatter	fancy	mourn	slender	withstand
coarse	foe	nevertheless	spire	yonder

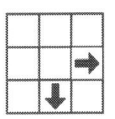

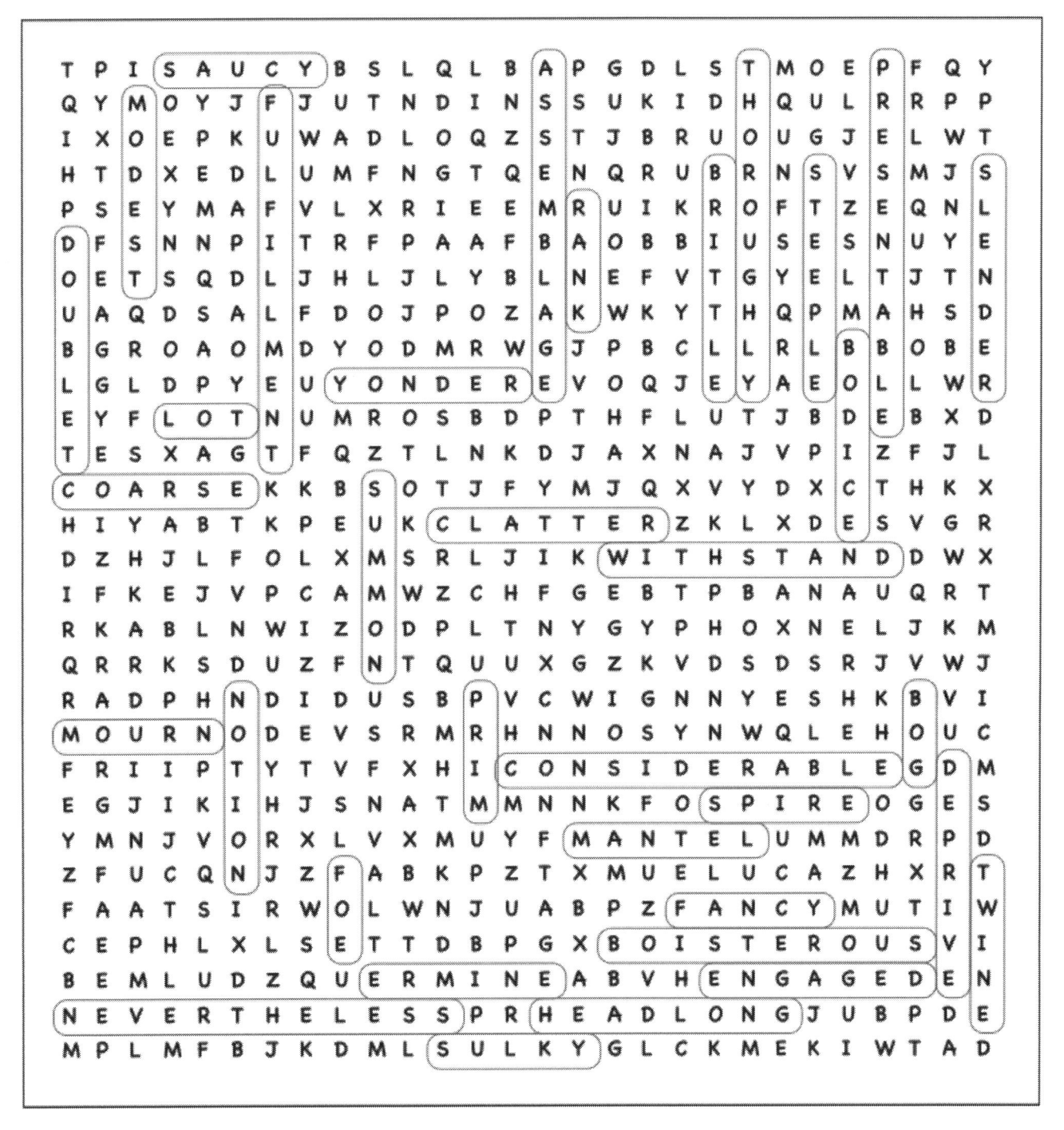

"The Wonderful Wizard of Oz" Chapters 16-24 Word Search 2

T	P	I	S	A	U	C	Y	B	S	L	Q	L	B	A	P	G	D	L	S	T	M	O	E	P	F	Q	Y
Q	Y	M	O	Y	J	F	J	U	T	N	D	I	N	S	S	U	K	I	D	H	Q	U	L	R	R	P	P
I	X	O	E	P	K	U	W	A	D	L	O	Q	Z	S	T	J	B	R	U	O	U	G	J	E	L	W	T
H	T	D	X	E	D	L	U	M	F	N	G	T	Q	E	N	Q	R	U	B	R	N	S	V	S	M	J	S
P	S	E	Y	M	A	F	V	L	X	R	I	E	E	M	R	U	I	K	R	O	F	T	Z	E	Q	N	L
D	F	S	N	N	P	I	T	R	F	P	A	A	F	B	A	O	B	B	I	U	S	E	S	N	U	Y	E
O	E	T	S	Q	D	L	J	H	L	J	L	Y	B	L	N	E	F	V	T	G	Y	E	L	T	J	T	N
U	A	Q	D	S	A	L	F	D	O	J	P	O	Z	A	K	W	K	Y	T	H	Q	P	M	A	H	S	D
B	G	R	O	A	O	M	D	Y	O	D	M	R	W	G	J	P	B	C	L	L	R	L	B	B	O	B	E
L	G	L	D	P	Y	E	U	Y	O	N	D	E	R	E	V	O	Q	J	E	Y	A	E	O	L	L	W	R
E	Y	F	L	O	T	N	U	M	R	O	S	B	D	P	T	H	F	L	U	T	J	B	D	E	B	X	D
T	E	S	X	A	G	T	F	Q	Z	T	L	N	K	D	J	A	X	N	A	J	V	P	I	Z	F	J	L
C	O	A	R	S	E	K	K	B	S	O	T	J	F	Y	M	J	Q	X	V	Y	D	X	C	T	H	K	X
H	I	Y	A	B	T	K	P	E	U	K	C	L	A	T	T	E	R	Z	K	L	X	D	E	S	V	G	R
D	Z	H	J	L	F	O	L	X	M	S	R	L	J	I	K	W	I	T	H	S	T	A	N	D	D	W	X
I	F	K	E	J	V	P	C	A	M	W	Z	C	H	F	G	E	B	T	P	B	A	N	A	U	Q	R	T
R	K	A	B	L	N	W	I	Z	O	D	P	L	T	N	Y	G	Y	P	H	O	X	N	E	L	J	K	M
Q	R	R	K	S	D	U	Z	F	N	T	Q	U	U	X	G	Z	K	V	D	S	D	S	R	J	V	W	J
R	A	D	P	H	N	D	I	D	U	S	B	P	V	C	W	I	G	N	N	Y	E	S	H	K	B	V	I
M	O	U	R	N	O	D	E	V	S	R	M	R	H	N	N	O	S	Y	N	W	Q	L	E	H	O	U	C
F	R	I	I	P	T	Y	T	V	F	X	H	I	C	O	N	S	I	D	E	R	A	B	L	E	G	D	M
E	G	J	I	K	I	H	J	S	N	A	T	M	M	N	N	K	F	O	S	P	I	R	E	O	G	E	S
Y	M	N	J	V	O	R	X	L	V	X	M	U	Y	F	M	A	N	T	E	L	U	M	M	D	R	P	D
Z	F	U	C	Q	N	J	Z	F	A	B	K	P	Z	T	X	M	U	E	L	U	C	A	Z	H	X	R	T
F	A	A	T	S	I	R	W	O	L	W	N	J	U	A	B	P	Z	F	A	N	C	Y	M	U	T	I	W
C	E	P	H	L	X	L	S	E	T	T	D	B	P	G	X	B	O	I	S	T	E	R	O	U	S	V	I
B	E	M	L	U	D	Z	Q	U	E	R	M	I	N	E	A	B	V	H	E	N	G	A	G	E	D	E	N
N	E	V	E	R	T	H	E	L	E	S	S	P	R	H	E	A	D	L	O	N	G	J	U	B	P	D	E
M	P	L	M	F	B	J	K	D	M	L	S	U	L	K	Y	G	L	C	K	M	E	K	I	W	T	A	D

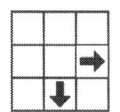

"The Wonderful Wizard of Oz" Chapters 16-24 Word Search 2

```
T P I S A U C Y B S L Q L B A P G D L S T M O E P F Q Y
Q Y M O Y J F J U T N D I N S S U K I D H Q U L R R P P
I X O E P K U W A D L O Q Z S T J B R U O U G J E L W T
H T D X E D L U M F N G T Q E N Q R U B R N S V S M J S
P S E Y M A F V L X R I E E M R U I K R O F T Z E Q N L
D F S N N P I T R F P A A F B A O B B I U S E S N U Y E
O E T S Q D L J H L J L Y B L N E F V T G Y E L T J T N
U A Q D S A L F D O J P O Z A K W K Y T H Q P M A H S D
B G R O A O M D Y O D M R W G J P B C L L R L B B O B E
L G L D P Y E U Y O N D E R E V O Q J E Y A E O L L W R
E Y F L O T N U M R O S B D P T H F L U T J B D E B X D
T E S X A G T F Q Z T L N K D J A X N A J V P I Z F J L
C O A R S E K K B S O T J F Y M J Q X V Y D X C T H K X
H I Y A B T K P E U K C L A T T E R Z K L X D E S V G R
D Z H J L F O L X M S R L J I K W I T H S T A N D D W X
I F K E J V P C A M W Z C H F G E B T P B A N A U Q R T
R K A B L N W I Z O D P L T N Y G Y P H O X N E L J K M
Q R R K S D U Z F N T Q U U X G Z K V D S D S R J V W J
R A D P H N D I D U S B P V C W I G N N Y E S H K B V I
M O U R N O D E V S R M R H N N O S Y N W Q L E H O U C
F R I I P T Y T V F X H I C O N S I D E R A B L E G D M
E G J I K I H J S N A T M M N N K F O S P I R E O G E S
Y M N J V O R X L V X M U Y F M A N T E L U M M D R P D
Z F U C Q N J Z F A B K P Z T X M U E L U C A Z H X R T
F A A T S I R W O L W N J U A B P Z F A N C Y M U T I W
C E P H L X L S E T T D B P G X B O I S T E R O U S V I
B E M L U D Z Q U E R M I N E A B V H E N G A G E D E N
N E V E R T H E L E S S P R H E A D L O N G J U B P D E
M P L M F B J K D M L S U L K Y G L C K M E K I W T A D
```

assemblage	considerable	fulfillment	notion	steeple
bodice	deprive	headlong	presentable	sulky
bog	doublet	lot	prim	summon
boisterous	engaged	mantel	rank	thoroughly
brittle	ermine	modest	saucy	twine
clatter	fancy	mourn	slender	withstand
coarse	foe	nevertheless	spire	yonder

"The Wonderful Wizard of Oz" Chapters 16-24 Spelling
Practice writing each word twice in the space provided

assemblage		
bodice		
bog		
boisterous		
brittle		
clatter		
coarse		
considerable		
deprive		
doublet		
engaged		
ermine		
fancy		
foe		
fulfillment		
headlong		
lot		
mantel		
modest		
mourn		

"The Wonderful Wizard of Oz" Chapters 16-24 Spelling
Practice writing each word twice in the space provided

nevertheless		
notion		
presentable		
prim		
rank		
saucy		
slender		
spire		
steeple		
sulky		
summon		
thoroughly		
twine		
withstand		
yonder		

"The Wonderful Wizard of Oz" Chapters 16-24 Flash Cards

assemblage	a group of persons together in one place
bodice	part of a dress above the waist
bog	wet spongy ground of decomposing vegetation
boisterous	noisy and lacking in restraint or discipline

"The Wonderful Wizard of Oz" Chapters 16-24 Flash Cards

brittle	having little elasticity
clatter	a rattling noise
coarse	rough to the touch
considerable	large in number, amount, extent, or degree

"The Wonderful Wizard of Oz" Chapters 16-24 Flash Cards

deprive	keep from having, keeping, or obtaining
doublet	a man's close-fitting jacket, worn during the renaissance
engaged	having one's attention or mind or energy consumed
ermine	the expensive white fur of a small mammal

"The Wonderful Wizard of Oz" Chapters 16-24 Flash Cards

fancy	imagination, especially of a casual or whimsical kind
foe	a personal enemy
fulfillment	the act of consummating something, as a desire or promise
headlong	with the upper or anterior part of the body foremost

"The Wonderful Wizard of Oz" Chapters 16-24 Flash Cards

lot	your overall circumstances or condition in life
mantel	a shelf that projects from the wall above a fireplace
modest	marked by simplicity; having a humble opinion of yourself
mourn	feel sadness

"The Wonderful Wizard of Oz" Chapters 16-24 Flash Cards

nevertheless	despite anything to the contrary
notion	a vague idea in which some confidence is placed
presentable	fit to be seen
prim	affectedly dainty or refined

"The Wonderful Wizard of Oz" Chapters 16-24 Flash Cards

rank	growing profusely
saucy	improperly forward or bold
slender	very narrow
spire	a tall tower that forms the superstructure of a building

"The Wonderful Wizard of Oz" Chapters 16-24 Flash Cards

steeple	a tall tower that forms the superstructure of a building
sulky	sullen or moody
summon	call in an official matter, such as to attend court
thoroughly	in an exhaustive manner

"The Wonderful Wizard of Oz" Chapters 16-24 Flash Cards

twine	arrange or coil around
withstand	stand up or offer resistance to somebody or something
yonder	in an indicated distant place

"The Wonderful Wizard of Oz" Chapters 16-24 Flash Cards

"The Wonderful Wizard of Oz" Vocabulary Chapters 16-24 Bingo

assemblage	considerable	fulfillment	notion	steeple
bodice	deprive	headlong	presentable	sulky
bog	doublet	lot	prim	summon
boisterous	engaged	mantel	rank	thoroughly
brittle	ermine	modest	saucy	twine
clatter	fancy	mourn	slender	withstand
coarse	foe	nevertheless	spire	yonder

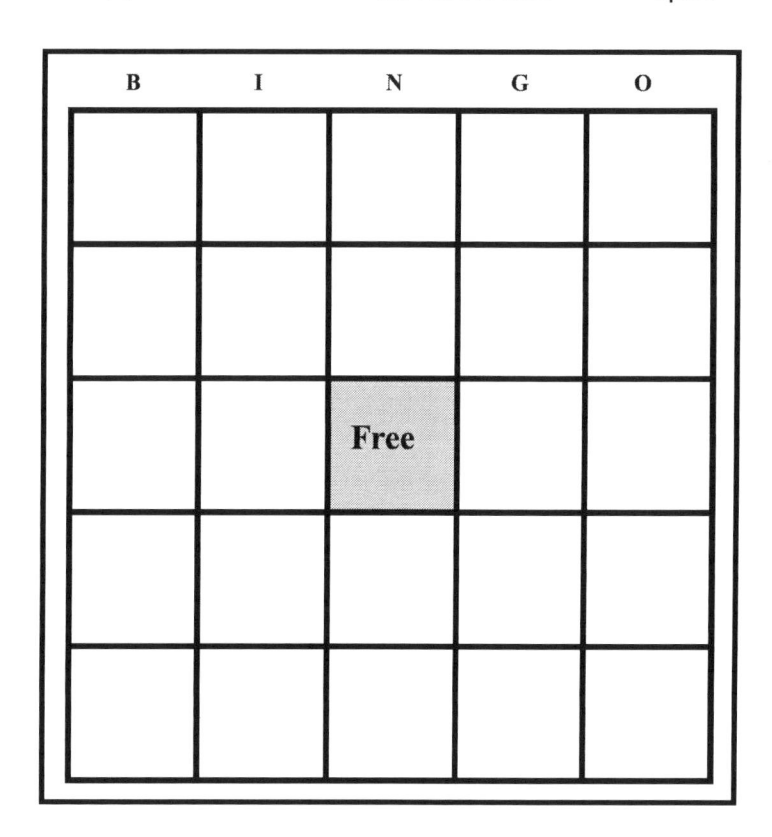

B	I	N	G	O
		Free		

Included:

1. **Bingo Card:** -The activity involves providing students with a list of words that they will use to create their own personalized Bingo card. This interactive exercise encourages creativity and critical thinking as students strategically arrange the words on their card. By engaging in this activity, students can enhance their vocabulary, pattern recognition, and problem-solving skills. Additionally, it promotes social interaction and friendly competition among peers. Overall, this activity is a fun and educational way for students to actively participate in learning.
2. **Vocabulary Words with Definitions:** Begin by familiarizing yourself with a curated list of vocabulary words paired with their definitions. This section offers clear, concise explanations to help you understand and remember each term effectively.
3. **Vocabulary Words with Space for Definitions:** Test your understanding by writing your own definitions for a list of vocabulary words. This hands-on practice encourages active learning and helps you internalize each word's meaning.
4. **Vocabulary Definitions with Space to Write the Term:** Challenge yourself by matching definitions with the correct vocabulary words. This exercise helps reinforce your recall and application of the terms based on their meanings.

Using 24 of the 35 words listed below create your own Bingo card.

assemblage	considerable	fulfillment	notion	steeple
bodice	deprive	headlong	presentable	sulky
bog	doublet	lot	prim	summon
boisterous	engaged	mantel	rank	thoroughly
brittle	ermine	modest	saucy	twine
clatter	fancy	mourn	slender	withstand
coarse	foe	nevertheless	spire	yonder

B   **I**   **N**   **G**   **O**

		Free		

"The Wonderful Wizard of Oz" Vocabulary Chapters 16-24
Using the 35 words listed below create your own Bingo card.

assemblage	boisterous	ermine
bodice	brittle	fancy
bog	coarse	headlong
clatter	deprive	lot
considerable	engaged	mourn
doublet	fulfillment	presentable
foe	modest	rank
mantel	nevertheless	slender
notion	prim	sulky
saucy	spire	twine
steeple	summon	yonder
thoroughly	withstand	

"The Wonderful Wizard of Oz" VocabularyChapters 16-24 Part A Bundle

bodice	ermine	lot	prim	sulky
clatter	fancy	modest	saucy	summon
doublet	fulfillment	mourn	spire	thoroughly
engaged	headlong	notion	steeple	twine

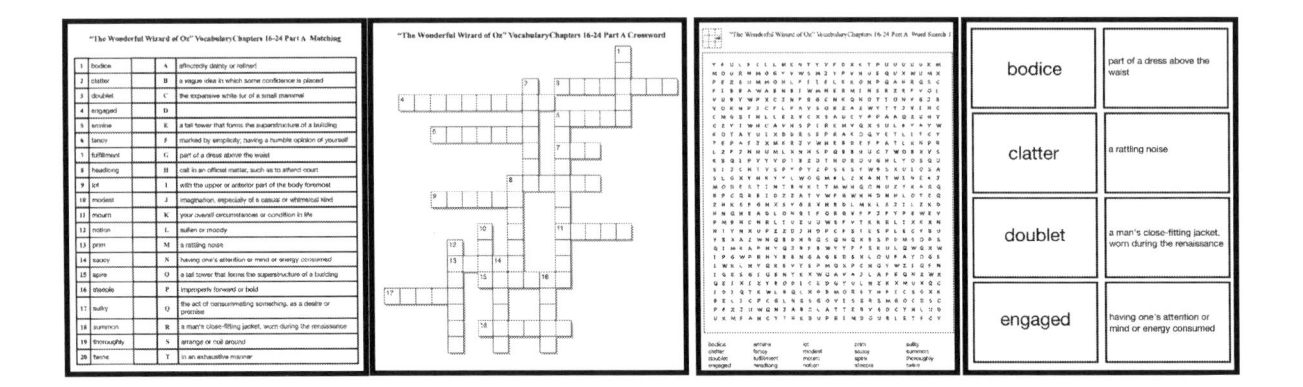

Included:
1. **Vocabulary Words with Definitions:** Begin by familiarizing yourself with a curated list of vocabulary words paired with their definitions. This section offers clear, concise explanations to help you understand and remember each term effectively.
2. **Vocabulary Words with Space for Definitions:** Test your understanding by writing your own definitions for a list of vocabulary words. This hands-on practice encourages active learning and helps you internalize each word's meaning.
3. **Vocabulary Definitions with Space to Write the Term:** Challenge yourself by matching definitions with the correct vocabulary words. This exercise helps reinforce your recall and application of the terms based on their meanings.
4. **Matching Assignments**:Connect terms with their correct definitions to strengthen your word association skills.
5. **Crosswords**: Enjoy a classic puzzle format that challenges you to recall and apply vocabulary in a fun way. To differentiate two versions of each crossword are provided, one with a word list and one without.
6. **Word Searches:** Enjoy finding vocabulary words hidden in a variety of word search puzzles. This fun activity boosts word recognition and spelling skills while offering a break from more traditional exercises.
7. **Spelling Practice:** Sharpen your spelling skills with targeted exercises designed to reinforce the correct spelling of vocabulary words. Practice writing words multiple times to improve accuracy and memory.
8. 20 **Flash Cards:** Enhance your retention with a set of printable flash cards. Each card presents a vocabulary word on one side and its definition on the other, perfect for quick reviews and self-assessment.

"The Wonderful Wizard of Oz" Vocabulary Chapters 16-24 Part A Term & Definition

bodice	part of a dress above the waist
clatter	a rattling noise
doublet	a man's close-fitting jacket, worn during the renaissance
engaged	having one's attention or mind or energy consumed
ermine	the expensive white fur of a small mammal
fancy	imagination, especially of a casual or whimsical kind
fulfillment	the act of consummating something, as a desire or promise
headlong	with the upper or anterior part of the body foremost
lot	your overall circumstances or condition in life
modest	marked by simplicity; having a humble opinion of yourself
mourn	feel sadness
notion	a vague idea in which some confidence is placed
prim	affectedly dainty or refined
saucy	improperly forward or bold
spire	a tall tower that forms the superstructure of a building
steeple	a tall tower that forms the superstructure of a building
sulky	sullen or moody
summon	call in an official matter, such as to attend court
thoroughly	in an exhaustive manner
twine	arrange or coil around

"The Wonderful Wizard of Oz" Vocabulary Chapters 16-24 Part A Vocabulary

bodice	
clatter	
doublet	
engaged	
ermine	
fancy	
fulfillment	
headlong	
lot	
modest	
mourn	
notion	
prim	
saucy	
spire	
steeple	
sulky	
summon	
thoroughly	
twine	

"The Wonderful Wizard of Oz" Vocabulary Chapters 16-24 Part A Definitions

your overall circumstances or condition in life	
with the upper or anterior part of the body foremost	
the expensive white fur of a small mammal	
the act of consummating something, as a desire or promise	
sullen or moody	
part of a dress above the waist	
marked by simplicity; having a humble opinion of yourself	
in an exhaustive manner	
improperly forward or bold	
imagination, especially of a casual or whimsical kind	
having one's attention or mind or energy consumed	
feel sadness	
call in an official matter, such as to attend court	
arrange or coil around	
affectedly dainty or refined	
a vague idea in which some confidence is placed	
a tall tower that forms the superstructure of a building	
a tall tower that forms the superstructure of a building	
a rattling noise	
a man's close-fitting jacket, worn during the renaissance	

"The Wonderful Wizard of Oz" Vocabulary Chapters 16-24 Part A Definitions

your overall circumstances or condition in life	lot
with the upper or anterior part of the body foremost	headlong
the expensive white fur of a small mammal	ermine
the act of consummating something, as a desire or promise	fulfillment
sullen or moody	sulky
part of a dress above the waist	bodice
marked by simplicity; having a humble opinion of yourself	modest
in an exhaustive manner	thoroughly
improperly forward or bold	saucy
imagination, especially of a casual or whimsical kind	fancy
having one's attention or mind or energy consumed	engaged
feel sadness	mourn
call in an official matter, such as to attend court	summon
arrange or coil around	twine
affectedly dainty or refined	prim
a vague idea in which some confidence is placed	notion
a tall tower that forms the superstructure of a building	spire
a tall tower that forms the superstructure of a building	steeple
a rattling noise	clatter
a man's close-fitting jacket, worn during the renaissance	doublet

"The Wonderful Wizard of Oz" Vocabulary Chapters 16-24 Part A Matching

1	bodice		A	affectedly dainty or refined
2	clatter		B	a vague idea in which some confidence is placed
3	doublet		C	the expensive white fur of a small mammal
4	engaged		D	
5	ermine		E	a tall tower that forms the superstructure of a building
6	fancy		F	marked by simplicity; having a humble opinion of yourself
7	fulfillment		G	part of a dress above the waist
8	headlong		H	call in an official matter, such as to attend court
9	lot		I	with the upper or anterior part of the body foremost
10	modest		J	imagination, especially of a casual or whimsical kind
11	mourn		K	your overall circumstances or condition in life
12	notion		L	sullen or moody
13	prim		M	a rattling noise
14	saucy		N	having one's attention or mind or energy consumed
15	spire		O	a tall tower that forms the superstructure of a building
16	steeple		P	improperly forward or bold
17	sulky		Q	the act of consummating something, as a desire or promise
18	summon		R	a man's close-fitting jacket, worn during the renaissance
19	thoroughly		S	arrange or coil around
20	twine		T	in an exhaustive manner

"The Wonderful Wizard of Oz" Vocabulary Chapters 16-24 Part A Matching

1	bodice	G	A	affectedly dainty or refined
2	clatter	M	B	a vague idea in which some confidence is placed
3	doublet	R	C	the expensive white fur of a small mammal
4	engaged	N	D	
5	ermine	C	E	a tall tower that forms the superstructure of a building
6	fancy	J	F	marked by simplicity; having a humble opinion of yourself
7	fulfillment	Q	G	part of a dress above the waist
8	headlong	I	H	call in an official matter, such as to attend court
9	lot	K	I	with the upper or anterior part of the body foremost
10	modest	F	J	imagination, especially of a casual or whimsical kind
11	mourn	D	K	your overall circumstances or condition in life
12	notion	B	L	sullen or moody
13	prim	A	M	a rattling noise
14	saucy	P	N	having one's attention or mind or energy consumed
15	spire	E or O	O	a tall tower that forms the superstructure of a building
16	steeple	E or O	P	improperly forward or bold
17	sulky	L	Q	the act of consummating something, as a desire or promise
18	summon	H	R	a man's close-fitting jacket, worn during the renaissance
19	thoroughly	T	S	arrange or coil around
20	twine	S	T	in an exhaustive manner

"The Wonderful Wizard of Oz" Vocabulary Chapters 16-24 Part A Crossword

"The Wonderful Wizard of Oz" Vocabulary Chapters 16-24 Part A Crossword

Across

3. with the upper or anterior part of the body foremost

4. in an exhaustive manner

5. imagination, especially of a casual or whimsical kind

6. a man's close-fitting jacket, worn during the Renaissance

7. your overall circumstances or condition in life

8. the expensive white fur of a small mammal

9. call in an official matter, such as to attend court

11. feel sadness

13. arrange or coil around

15. marked by simplicity; having a humble opinion of yourself

17. a tall tower that forms the superstructure of a building

18. part of a dress above the waist

Down

1. sullen or moody

2. a rattling noise

5. the act of consummating something, as a desire or promise

8. having one's attention or mind or energy consumed

10. affectedly dainty or refined

12. a tall tower that forms the superstructure of a building

14. a vague idea in which some confidence is placed

16. improperly forward or bold

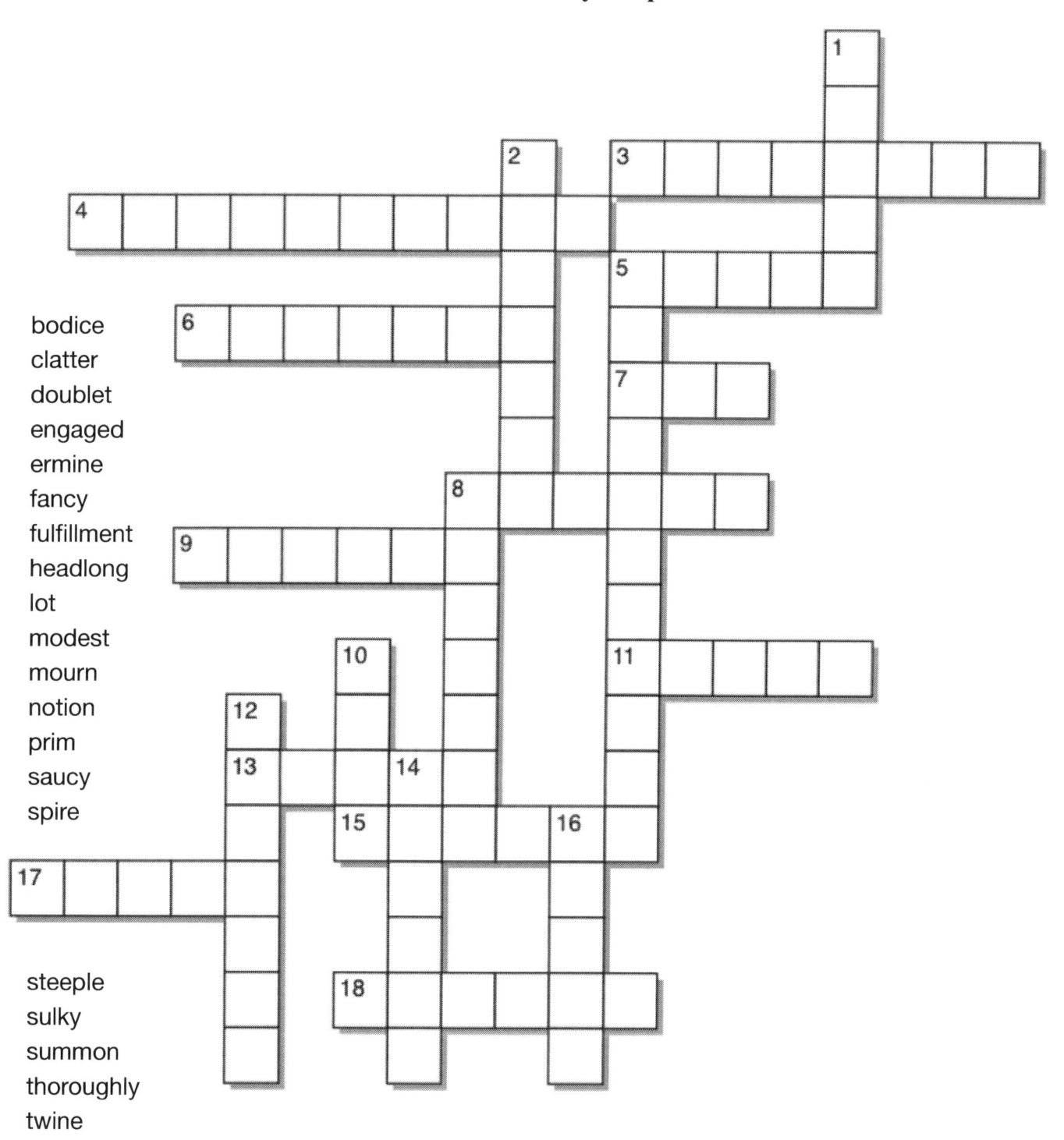

"The Wonderful Wizard of Oz" Vocabulary Chapters 16-24 Part A Crossword

bodice
clatter
doublet
engaged
ermine
fancy
fulfillment
headlong
lot
modest
mourn
notion
prim
saucy
spire

steeple
sulky
summon
thoroughly
twine

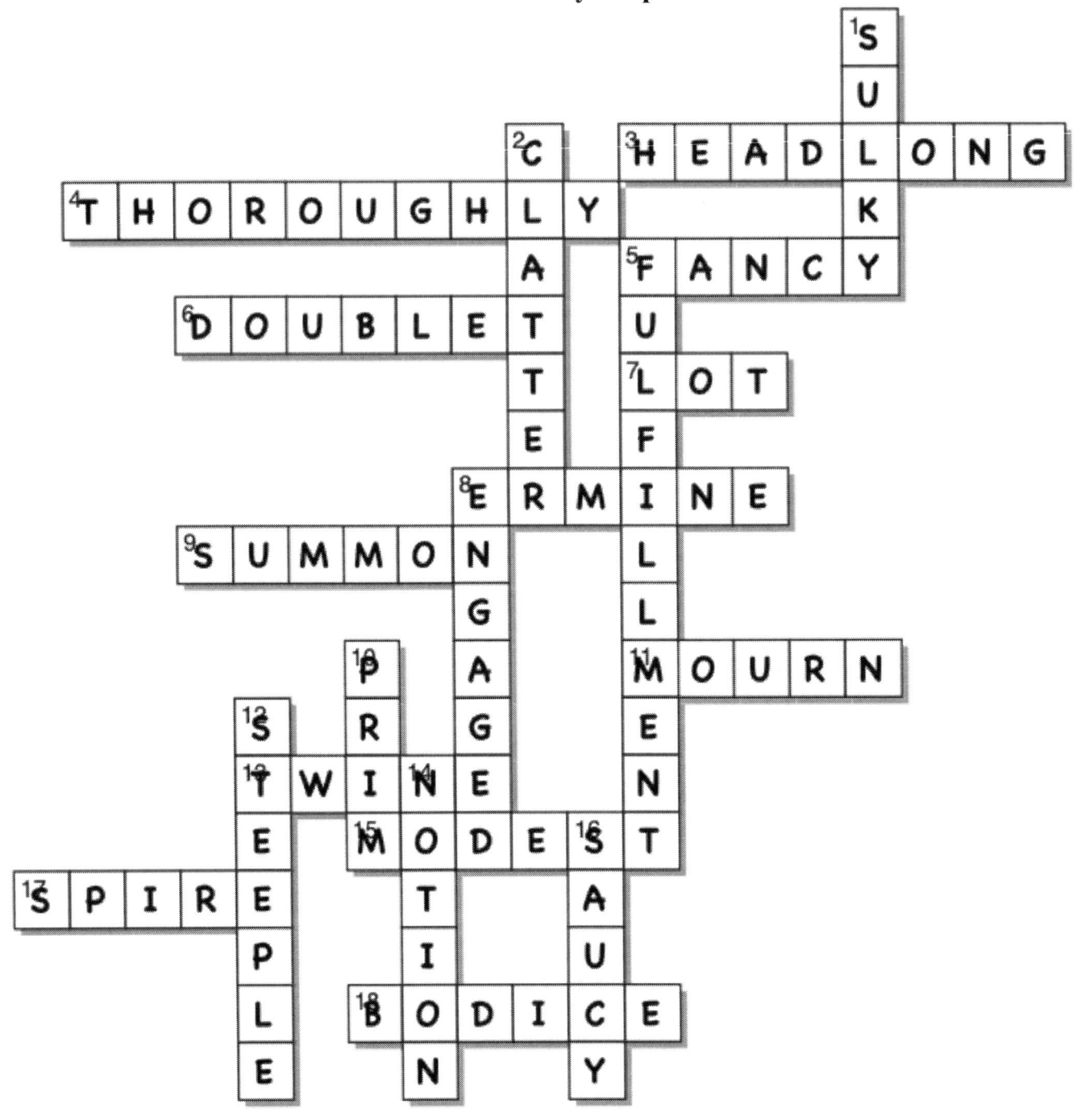

"The Wonderful Wizard of Oz" Vocabulary Chapters 16-24 Part A Crossword

Across:
3. HEADLONG
4. THOROUGHLY
5. FANCY
6. DOUBLET
7. LOT
8. ERMINE
9. SUMMON
11. MOURN
13. TWINE
15. MODE
17. SPIRE
18. BODICE

Down:
1. SULKY
2. CLATTER
5. FULFILL
8. ENGAGING
10. PRANCE
11. MERMEN (MERRIMENT)
12. STEEPLE
14. NE
15. MOTION
16. SAUCY

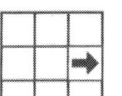

"The Wonderful Wizard of Oz" Vocabulary Chapters 16-24 Part A Word Search 1

```
Y F U L F I L L M E N T Y V F D X K T P U U U U K M
M O U R N M O G Y V W S M J Y P V H U E Q U X W U M X
P E Z S U M M O N L F I I E L K K O N P Q A H R Q S C
F I B B A W A B N B I W M N E R M I N E R Z S F V O L
V U B Y W P X C J N F R G C N K Q N O T I O N Y G J B
V O K N P J C F L P A V S O R Z A Z W Y T Y J V I H C
C M G S T H L L E Z V C X S A U C Y P P A A Q Z U H V
C Z Y T W H C A V H S P I R E M V Q X S U L K Y A Y W
K O T A Y U I X D D R S E P R A K O Q Y E T L I T C Y
T E P A E J X M K R J V W H E R D E F F A T L K N P R
L Z F J N H U M L X N H S P Q B B H U C T W O B X V S
K B Q I P V Y V O T B Z D T H O R O U G H L Y O S Q U
S I J C H T V S P Y P Y Z P S E S Y W B S X U I O S A
S L G X Y H K Y Y L W O G M K L Z X A N T W I N E K J
M O D E S T I N T B N K I T M W H Q O N U Z Y K A G Q
R P C Q R E I D Z Z A T V W F G W H N D N H L O T E Q
Z H K S F G N X S Y G S X H B D L M K L S J I L Z K D
H N Q H E A D L O N G I F Q R G V F F J F Y P E W E V
P M B N C N R L I U Z U U W S F V T K K R L I X K X N
N T Y N X U P Z Z D J H D P C F S T E E P L E C Y B U
Y B X N U M Q B D H R Q S Q N Q X B S P D M S O P S
Q I M K A P N Y Q J R F B W Y Y F F S K U L Q W Q X W
I P G W P R H Y B E N G A G E D S X L O U F A Y O G E
I W K L N Y Q K E V Y E P M Q X P C N Q Y W Z I Q F N
I G E E G I Q B N Y K X W Q A V A J L A F R Q N Z W X
Q E I X I Z Y B O D I C E D G Y U L N Z K X M U X Q C
I D I Q T K W L R Q L N P B M O R E T H F I C S G X K
R E L I C P C G L N G S G O V I S G R S M G O C D S C
P F Z J U W Q N J A R C L A T T E R V S D C Y H L U D
U K M F A N C Y T H K D U P R I M D O U B L E T F C Y
```

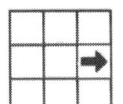

"The Wonderful Wizard of Oz" Vocabulary Chapters 16-24 Part A Word Search 1

```
Y F U L F I L L M E N T Y V F D X K T P U U U U U K M
M O U R N M O G Y V W S M J Y P V H U E Q U X W U M X
P E Z S U M M O N L F I I E L K K O N P Q A H R Q S C
F I B B A W A B N B I W M N E R M I N E R Z S F V O L
V U B Y W P X C J N F R G C N K Q N O T I O N Y G J B
V O K N P J C F L P A V S O R Z A Z W Y T Y J V I H C
C M G S T H L L E Z V C X S A U C Y P P A A Q Z U H V
C Z Y T W H C A V H S P I R E M V Q X S U L K Y A Y W
K O T A Y U I X D D R S E P R A K O Q Y E T L I T C Y
T E P A E J X M K R J V W H E R D E F F A T L K N P R
L Z F J N H U M L X N H S P Q B B H U C T W O B X V S
K B Q I P V Y V O T B Z D T H O R O U G H L Y O S Q U
S I J C H T V S P Y P Y Z P S E S Y W B S X U I O S A
S L G X Y H K Y Y L W O G M K L Z X A N T W I N E K J
M O D E S T I N T B N K I T M W H Q O N U Z Y K A G Q
R P C Q R E I D Z Z A T V W F G W H N D N H L O T E Q
Z H K S F G N X S Y G S X H B D L M K L S J I L Z K D
H N Q H E A D L O N G I F Q R G V F F J F Y P E W E V
P M B N C N R L I U Z U U W S F V T K K R L I X K X N
N T Y N X U P Z Z D J H D P C F S T E E P L E C Y B U
Y B X A Z W N Q B D H R Q S Q N Q X B S P D M S O P S
Q I M K A P N Y Q J R F B W Y Y F F S K U L Q W Q X W
I P G W P R H Y B E N G A G E D S X L O U F A Y O G E
I W K L N Y Q K E V Y E P M Q X P C N Q Y W Z I Q F N
I G E E G I Q B N Y K X W Q A V A J L A F R Q N Z W X
Q E I X I Z Y B O D I C E D G Y U L N Z K X M U X Q C
I D I Q T K W L R Q L N P B M O R E T H F I C S G X K
R E L I C P C G L N G S G O V I S G R S M G O C D S C
P F Z J U W Q N J A R C L A T T E R V S D C Y H L U D
U K M F A N C Y T H K D U P R I M D O U B L E T F C Y
```

bodice	ermine	lot	prim	sulky
clatter	fancy	modest	saucy	summon
doublet	fulfillment	mourn	spire	thoroughly
engaged	headlong	notion	steeple	twine

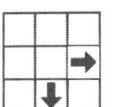

"The Wonderful Wizard of Oz" Vocabulary Chapters 16-24 Part A Word Search 2

```
X D Q S M S U M M O N M A F T P O C U Y P N R Z L O R
T A I T K J Y U O T V B O I S D L S S O K D Y Z U H Y
T R E R M I N E C P H J Z F P M V K W L O Q V T F C A
Y Q O Q A Y Z R B D X B Q P I C V O Y W F C P G P H S
I F C V N I Z A Y Y G C X A R F U Q Z K G B Y F W N V
M H K Z O X F T H R F L M T E A G F H B Z E I U F I T
O L B I T R S B O D I C E H W J L F H V I A J L N J W
N E T D I G Z K R F H B P R I M F D J K T D M F P F I
V P W Z O K X D N K E M R A S B D M R Y K B F I W J N
L C U V N I T L J S E R A J Z B K L E S H X G L S B E
O V T Z M H S A N V V P E A H L N C W A A N J L D X V
I D F O E G O D K Y Q C J T D L H L U J G I S M N D D
S S D U C H Q U Z O N D J N T Y I B V X E G L E P O V
U T Y S S T V Y Q W C V C Z S I B X O R X D Z N U U L
L E R J V A I G U A Y N B X K K B J A I Y D J T A B D
K E K S Y A X W U X R I U I Z J P R R B O A H H H L I
Y P B I B F P V J P I N O P C B U P T Z H O J Y J E C
D L G K H E A D L O N G B R G A K Z F Y D V F Q Q T L
F E H Q M P J I G U Y I C C W V N E E N G A G E D X V
K L W P J N L Z F X N T W H D T Z A K Z L R J T B W U
B T Y U M Q X B N U W N U Z A Z O C K U M S Q Y O G D
Z S B L D P P P S Q U Z Y U A W D Q D S P V Q R F M Z
L V E S C D T H O R O U G H L Y E S Y A Z E U S S L U
Y T J B W T L K H B Q J P G J A F B K H O F W N M O J
B H C F O J Q K S C L A T T E R H W R E J S H N O T N
F A N C Y A J H G T N X B Q I T S V E N R L A K D F W
K E L K F S E H P C N E Q H F K Y Y Y S E O O W E D H
E C Z E R M A B U Y R A R L X X T R F S A U C Y S F Q
U Q F M B Z K E J X Y B B J M K Y U S B J S Q T M I
Q F J R I A N R V H M O U R N E D Y V Z C Q A H S W W
```

"The Wonderful Wizard of Oz" Vocabulary Chapters 16-24 Part A Word Search 2

bodice	ermine	lot	prim	sulky
clatter	fancy	modest	saucy	summon
doublet	fulfillment	mourn	spire	thoroughly
engaged	headlong	notion	steeple	twine

"The Wonderful Wizard of Oz" Vocabulary Chapters 16-24 Part A **Spelling**
Practice writing each word twice in the space provided

bodice		
clatter		
doublet		
engaged		
ermine		
fancy		
fulfillment		
headlong		
lot		
modest		
mourn		
notion		
prim		
saucy		
spire		
steeple		
sulky		
summon		
thoroughly		
twine		

"The Wonderful Wizard of Oz" Vocabulary Chapters 16-24 Part A Flash Cards

bodice	part of a dress above the waist
clatter	a rattling noise
doublet	a man's close-fitting jacket, worn during the renaissance
engaged	having one's attention or mind or energy consumed

"The Wonderful Wizard of Oz" Vocabulary Chapters 16-24 Part A Flash Cards

ermine	the expensive white fur of a small mammal
fancy	imagination, especially of a casual or whimsical kind
fulfillment	the act of consummating something, as a desire or promise
headlong	with the upper or anterior part of the body foremost

"The Wonderful Wizard of Oz" Vocabulary Chapters 16-24 Part A Flash Cards

lot	your overall circumstances or condition in life
modest	marked by simplicity; having a humble opinion of yourself
mourn	feel sadness
notion	a vague idea in which some confidence is placed

"The Wonderful Wizard of Oz" Vocabulary Chapters 16-24 Part A Flash Cards

prim	affectedly dainty or refined
saucy	improperly forward or bold
spire	a tall tower that forms the superstructure of a building
steeple	a tall tower that forms the superstructure of a building

"The Wonderful Wizard of Oz" Vocabulary Chapters 16-24 Part A Flash Cards

sulky	sullen or moody
summon	call in an official matter, such as to attend court
thoroughly	in an exhaustive manner
twine	arrange or coil around

"The Wonderful Wizard of Oz" Vocabulary Chapters 16-24 Part A Flash Cards

"The Wonderful Wizard of Oz" Vocabulary Chapters 16-24 Part A Bingo

bodice	ermine	lot	prim	sulky
clatter	fancy	modest	saucy	summon
doublet	fulfillment	mourn	spire	thoroughly
engaged	headlong	notion	steeple	twine

B I N G O

(Bingo card with Free spaces at I-1, O-2, N-3, B-4, G-5)

Included:

1. **Bingo Card:** The activity involves providing students with a list of words that they will use to create their own personalized Bingo card. This interactive exercise encourages creativity and critical thinking as students strategically arrange the words on their card. By engaging in this activity, students can enhance their vocabulary, pattern recognition, and problem-solving skills. Additionally, it promotes social interaction and friendly competition among peers. Overall, this activity is a fun and educational way for students to actively participate in learning.

2. **Vocabulary Words with Definitions:** Begin by familiarizing yourself with a curated list of vocabulary words paired with their definitions. This section offers clear, concise explanations to help you understand and remember each term effectively.

3. **Vocabulary Words with Space for Definitions:** Test your understanding by writing your own definitions for a list of vocabulary words. This hands-on practice encourages active learning and helps you internalize each word's meaning.

4. **Vocabulary Definitions with Space to Write the Term:** Challenge yourself by matching definitions with the correct vocabulary words. This exercise helps reinforce your recall and application of the terms based on their meanings.

"The Wonderful Wizard of Oz" Vocabulary Chapters 16-24 Part A Bingo
Using the 20 words listed below create your own Bingo card.

bodice	ermine	lot	prim	sulky
clatter	fancy	modest	saucy	summon
doublet	fulfillment	mourn	spire	thoroughly
engaged	headlong	notion	steeple	twine

B   I   N   G   O

"The Wonderful Wizard of Oz" Vocabulary Chapters 16-24 Part A
Using the 20 words listed below create your own Bingo card.

bodice	ermine	saucy
clatter	fancy	steeple
doublet	headlong	sulky
engaged	modest	summon
fulfillment	mourn	thoroughly
lot	prim	twine
notion	spire	

"The Wonderful Wizard of Oz" Vocabulary Chapters 16-24 Part B Bundle

assemblage	brittle	deprive	nevertheless	slender
bog	coarse	foe	presentable	withstand
boisterous	considerable	mantel	rank	yonder

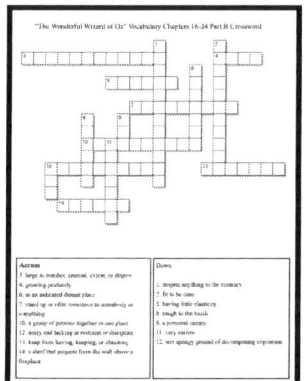

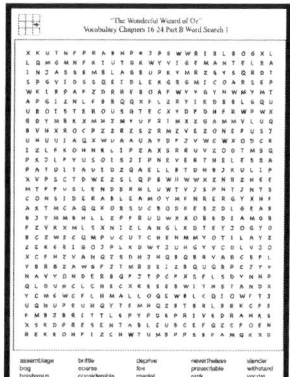

Included:

1. **Vocabulary Words with Definitions:** Begin by familiarizing yourself with a curated list of vocabulary words paired with their definitions. This section offers clear, concise explanations to help you understand and remember each term effectively.
2. **Vocabulary Words with Space for Definitions:** Test your understanding by writing your own definitions for a list of vocabulary words. This hands-on practice encourages active learning and helps you internalize each word's meaning.
3. **Vocabulary Definitions with Space to Write the Term:** Challenge yourself by matching definitions with the correct vocabulary words. This exercise helps reinforce your recall and application of the terms based on their meanings.
4. **Matching Assignments**:Connect terms with their correct definitions to strengthen your word association skills.
5. **Crosswords**: Enjoy a classic puzzle format that challenges you to recall and apply vocabulary in a fun way. To differentiate two versions of each crossword are provided, one with a word list and one without.
6. **Word Searches:** Enjoy finding vocabulary words hidden in a variety of word search puzzles. This fun activity boosts word recognition and spelling skills while offering a break from more traditional exercises.
7. **Spelling Practice:** Sharpen your spelling skills with targeted exercises designed to reinforce the correct spelling of vocabulary words. Practice writing words multiple times to improve accuracy and memory.
8. **Flash Cards:** Enhance your retention with a set of printable flash cards. Each card presents a vocabulary word on one side and its definition on the other, perfect for quick reviews and self-assessment.

"The Wonderful Wizard of Oz" Vocabulary Chapters 16-24 Part B Terms & Definitions

assemblage	a group of persons together in one place
bog	wet spongy ground of decomposing vegetation
boisterous	noisy and lacking in restraint or discipline
brittle	having little elasticity
coarse	rough to the touch
considerable	large in number, amount, extent, or degree
deprive	keep from having, keeping, or obtaining
foe	a personal enemy
mantel	a shelf that projects from the wall above a fireplace
nevertheless	despite anything to the contrary
presentable	fit to be seen
rank	growing profusely
slender	very narrow
withstand	stand up or offer resistance to somebody or something
yonder	in an indicated distant place

"The Wonderful Wizard of Oz" Vocabulary Chapters 16-24 Part B Terms

assemblage	
bog	
boisterous	
brittle	
coarse	
considerable	
deprive	
foe	
mantel	
nevertheless	
presentable	
rank	
slender	
withstand	
yonder	

"The Wonderful Wizard of Oz" Vocabulary Chapters 16-24 Part B Definitions

wet spongy ground of decomposing vegetation	
very narrow	
stand up or offer resistance to somebody or something	
rough to the touch	
noisy and lacking in restraint or discipline	
large in number, amount, extent, or degree	
keep from having, keeping, or obtaining	
in an indicated distant place	
having little elasticity	
growing profusely	
fit to be seen	
despite anything to the contrary	
a shelf that projects from the wall above a fireplace	
a personal enemy	
a group of persons together in one place	

"The Wonderful Wizard of Oz" Vocabulary Chapters 16-24 Part B Definitions

wet spongy ground of decomposing vegetation	**bog**
very narrow	**slender**
stand up or offer resistance to somebody or something	**withstand**
rough to the touch	**coarse**
noisy and lacking in restraint or discipline	**boisterous**
large in number, amount, extent, or degree	**considerable**
keep from having, keeping, or obtaining	**deprive**
in an indicated distant place	**yonder**
having little elasticity	**brittle**
growing profusely	**rank**
fit to be seen	**presentable**
despite anything to the contrary	**nevertheless**
a shelf that projects from the wall above a fireplace	**mantel**
a personal enemy	**foe**
a group of persons together in one place	**assemblage**

"The Wonderful Wizard of Oz" Vocabulary Chapters 16-24 Part B Matching 1

1	assemblage		A	noisy and lacking in restraint or discipline
2	bog		B	a group of persons together in one place
3	boisterous		C	very narrow
4	brittle		D	having little elasticity
5	coarse		E	stand up or offer resistance to somebody or something
6	considerable		F	a shelf that projects from the wall above a fireplace
7	deprive		G	despite anything to the contrary
8	foe		H	a personal enemy
9	mantel		I	in an indicated distant place
10	nevertheless		J	wet spongy ground of decomposing vegetation
11	presentable		K	growing profusely
12	rank		L	keep from having, keeping, or obtaining
13	slender		M	rough to the touch
14	withstand		N	large in number, amount, extent, or degree
15	yonder		O	fit to be seen

"The Wonderful Wizard of Oz" Vocabulary Chapters 16-24 Part B Matching 1

1	assemblage	B	A	noisy and lacking in restraint or discipline
2	bog	J	B	a group of persons together in one place
3	boisterous	A	C	very narrow
4	brittle	D	D	having little elasticity
5	coarse	M	E	stand up or offer resistance to somebody or something
6	considerable	N	F	a shelf that projects from the wall above a fireplace
7	deprive	L	G	despite anything to the contrary
8	foe	H	H	a personal enemy
9	mantel	F	I	in an indicated distant place
10	nevertheless	G	J	wet spongy ground of decomposing vegetation
11	presentable	O	K	growing profusely
12	rank	K	L	keep from having, keeping, or obtaining
13	slender	C	M	rough to the touch
14	withstand	E	N	large in number, amount, extent, or degree
15	yonder	I	O	fit to be seen

"The Wonderful Wizard of Oz" Vocabulary Chapters 16-24 Part B Crossword

Across

3. large in number, amount, extent, or degree
4. growing profusely
6. in an indicated distant place
7. stand up or offer resistance to somebody or something
10. a group of persons together in one place
12. noisy and lacking in restraint or discipline
13. keep from having, keeping, or obtaining
14. a shelf that projects from the wall above a fireplace

Down

1. despite anything to the contrary
2. fit to be seen
5. having little elasticity
8. rough to the touch
9. a personal enemy
11. very narrow
12. wet spongy ground of decomposing vegetation

"The Wonderful Wizard of Oz" Vocabulary Chapters 16-24 Part B Crossword

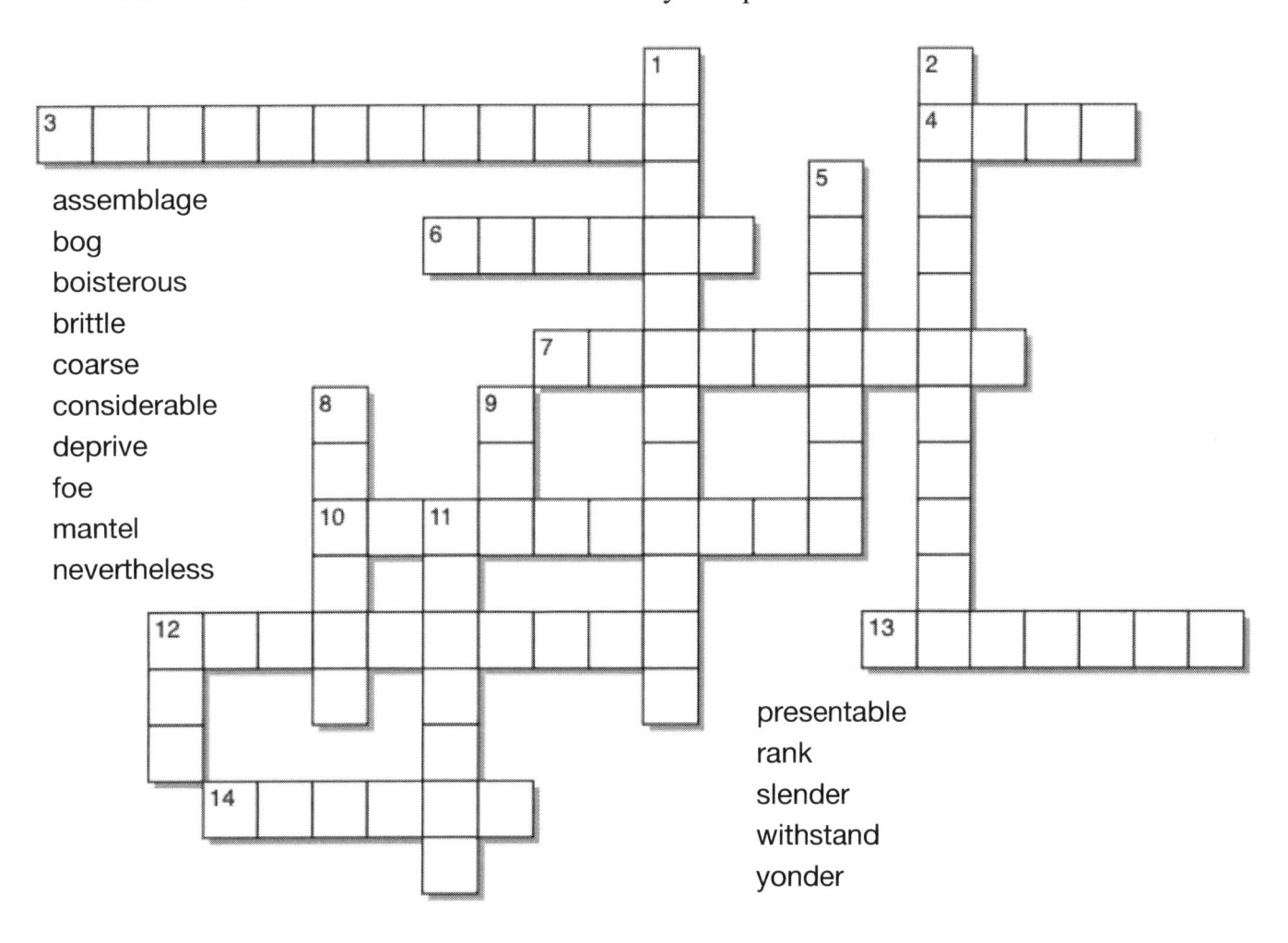

assemblage
bog
boisterous
brittle
coarse
considerable
deprive
foe
mantel
nevertheless

presentable
rank
slender
withstand
yonder

Across
3. large in number, amount, extent, or degree
4. growing profusely
6. in an indicated distant place
7. stand up or offer resistance to somebody or something
10. a group of persons together in one place
12. noisy and lacking in restraint or discipline
13. keep from having, keeping, or obtaining
14. a shelf that projects from the wall above a fireplace

Down
1. despite anything to the contrary
2. fit to be seen
5. having little elasticity
8. rough to the touch
9. a personal enemy
11. very narrow
12. wet spongy ground of decomposing vegetation

"The Wonderful Wizard of Oz" Vocabulary Chapters 16-24 Part B Crossword

Across

3. large in number, amount, extent, or degree
4. growing profusely
6. in an indicated distant place
7. stand up or offer resistance to somebody or something
10. a group of persons together in one place
12. noisy and lacking in restraint or discipline
13. keep from having, keeping, or obtaining
14. a shelf that projects from the wall above a fireplace

Down

1. despite anything to the contrary
2. fit to be seen
5. having little elasticity
8. rough to the touch
9. a personal enemy
11. very narrow
12. wet spongy ground of decomposing vegetation

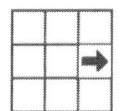

"The Wonderful Wizard of Oz"
Vocabulary Chapters 16-24 Part B Word Search 1

```
X K U T N F P R A B N P K J P S W W R I B L B O G X L
L Q M G M N F K I U T G K W Y V I G E M A N T E L B A
I N J A S S E M B L A G E U P K Y M R Z S Y S Q R D T
S P G V I D S S Q E I D L E K G R G M I C O A R S E P
W K I B P A F Z D R R E B O A F W Y Y G Y N W M Y M T
A P G I Z N L F B R Q Q X F L Z R Y I K D B B L G Q U
U B O I S T E R O U S G T E C X Y D F D H F R W P W X
R D Y M B K X M H J M Y U F R T M X Z G A M M V L U Q
B V H X R O C P Z Z R Z S Z R M Z V E Z O N E F U S J
U H U U I A Q X W U A A U A Y D F J V W C W X O D C K
I Z L F K O H N K L I P Z A X S R R U V Z O D T M S Q
P K J L F Y U S O I S J I P N E V E R T H E L E S S A
P A T O I T A U I D Z Q A E L L B T D H B J K U L I P
X V P S C T D W E Z S L Q P B W H W W X Z N R Z H E E
M T F F U S L E N D E R H L U W T V J S P N T J N T S
C O N S I D E R A B L E A M O Y M F N R E R G Y X H F
A K T M C A Q Q K O B S U C B O D K E S Z D L G E A B
B J Y M M B H L L Z P F R U D W X X O B E D I A M D R
F Z K X M L S X N I Z L A N G L K D T E Y J O G Y O
B C Z W Z C Q M P U C U T C H E N M M Y O T I L A Y Z
Z E K E R I G O J P L K D W Y J U H G Y V C D L V J O
X C F H Z V A N Q Z S D H J H Q B Q B R V A R C S F L
Y B R G Z A W G F J T M R S E I Z B Q U Q R P C J Y V
N A V Y O N D E R B Q F J T P C F X S F L S D Y N N P
Q L D U H C L C H E C X K E E E B W I T H S T A N D X
Y C M E W C F L H M A L L O Q E W B L C Q I O W F T J
U Q N U P E U H Q Y T E M H Q Z B T B R L B R K C F E
F M B J B R I T T L E P Y P D E P R I V E D R A N K S
X S K D P R E S E N T A B L E U B C E F Q Z C F O E N
R E K E O H F I Z C H W T U M B P P S E F A M Q K X D
```

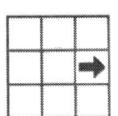

"The Wonderful Wizard of Oz"
Vocabulary Chapters 16-24 Part B Word Search 1

X	K	U	T	N	F	P	R	A	B	N	P	K	J	P	S	W	W	R	I	B	L	B	O	G	X	L
L	Q	M	G	M	N	F	K	I	U	T	G	K	W	Y	V	I	G	E	M	A	N	T	E	L	B	A
I	N	J	A	S	S	E	M	B	L	A	G	E	U	P	K	Y	M	R	Z	S	Y	S	Q	R	D	T
S	P	G	V	I	D	S	S	Q	E	I	D	L	E	K	G	R	G	M	I	C	O	A	R	S	E	P
W	K	I	B	P	A	F	Z	D	R	R	E	B	O	A	F	W	Y	Y	G	Y	N	W	M	Y	M	T
A	P	G	I	Z	N	L	F	B	R	Q	Q	X	F	L	Z	R	Y	I	K	D	B	B	L	G	Q	U
U	B	O	I	S	T	E	R	O	U	S	G	T	E	C	X	Y	D	F	D	H	F	R	W	P	W	X
R	D	Y	M	B	K	X	M	H	J	M	Y	U	F	R	T	M	X	Z	G	A	M	M	V	L	U	Q
B	V	H	X	R	O	C	P	Z	Z	R	Z	S	Z	R	M	Z	V	E	Z	O	N	E	F	U	S	J
U	H	U	U	I	A	Q	X	W	U	A	A	U	A	Y	D	F	J	V	W	C	W	X	O	D	C	K
I	Z	L	F	K	O	H	N	K	L	I	P	Z	A	X	S	R	R	U	V	Z	O	D	T	M	S	Q
P	K	J	L	F	Y	U	S	O	I	S	J	I	P	N	E	V	E	R	T	H	E	L	E	S	S	A
P	A	T	O	I	T	A	U	I	D	Z	Q	A	E	L	L	B	T	D	H	B	J	K	U	L	I	P
X	V	P	S	C	T	D	W	E	Z	S	L	Q	P	B	W	H	W	W	X	Z	N	R	Z	H	E	E
M	T	F	F	U	S	L	E	N	D	E	R	H	L	U	W	T	V	J	S	P	N	T	J	N	T	S
C	O	N	S	I	D	E	R	A	B	L	E	A	M	O	Y	M	F	N	R	E	R	G	Y	X	H	F
A	K	T	M	C	A	Q	Q	K	O	B	S	U	C	B	O	D	K	E	S	Z	D	L	G	E	A	B
B	J	Y	M	M	B	H	L	L	Z	P	F	R	U	D	W	X	X	O	B	E	D	I	A	M	D	R
F	Z	V	K	X	M	L	S	X	N	I	Z	L	A	N	G	L	K	D	T	E	Y	J	O	G	Y	O
B	C	Z	W	Z	C	Q	M	P	U	C	U	T	C	H	E	N	M	M	Y	O	T	I	L	A	Y	Z
Z	E	K	E	R	I	G	O	J	P	L	K	D	W	Y	J	U	H	G	Y	V	C	D	L	V	J	O
X	C	F	H	Z	V	A	N	Q	Z	S	D	H	J	H	Q	B	Q	B	R	V	A	R	C	S	F	L
Y	B	R	G	Z	A	W	G	F	J	T	M	R	S	E	I	Z	B	Q	U	Q	R	P	C	J	Y	V
N	A	V	Y	O	N	D	E	R	B	Q	F	J	T	P	C	F	X	S	F	L	S	D	Y	N	N	P
Q	L	D	U	H	C	L	C	H	E	C	X	K	E	E	E	B	W	I	T	H	S	T	A	N	D	X
Y	C	M	E	W	C	F	L	H	M	A	L	L	O	Q	E	W	B	L	C	Q	I	O	W	F	T	J
U	Q	N	U	P	E	U	H	Q	Y	T	E	M	H	Q	Z	B	T	B	R	L	B	R	K	C	F	E
F	M	B	J	B	R	I	T	T	L	E	P	Y	P	D	E	P	R	I	V	E	D	R	A	N	K	S
X	S	K	D	P	R	E	S	E	N	T	A	B	L	E	U	B	C	E	F	Q	Z	C	F	O	E	N
R	E	K	E	O	H	F	I	Z	C	H	W	T	U	M	B	P	P	S	E	F	A	M	Q	K	X	D

assemblage	brittle	deprive	nevertheless	slender
bog	coarse	foe	presentable	withstand
boisterous	considerable	mantel	rank	yonder

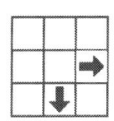

"The Wonderful Wizard of Oz"
Vocabulary Chapters 16-24 Part B Word Search 2

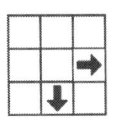

"The Wonderful Wizard of Oz"
Vocabulary Chapters 16-24 Part B Word Search 2

```
P D K U B D C Q B L N L Q N B M P Q G B W L Q B T M Y
R G X I F X F M F L E J A T M P Q Y P R V B X L V A E
E B J K M Z T F S K V J L X E Y O O Y I T E P T V E X
S E V Y N L S B X Y E Z D F W C B E X T G C I C Q U B
E C H M C E T N H X R W F Z S W U I J T O S R A S C O
N T W N B I N A R F T E V C Q N M I M L D P G A V O I
T M D R Y Q R G D X H H C X Q K K T H E G I C X F Y S
A A H I H J Q A S S E M B L A G E I N G U K K L X H T
B N E W K T D R L U L D S Z N G U Q N X F U C W H Z E
L T X Q N Z M C O E E E G D O J F K S U E H R Q O G R
E E H M T M U D Z O S Y R K D Y A Y A R I T K Q E U O
Q L Z M J C W I T H S T A N D C I R P Q Z I U O D T U
Z X Q O Z X U Y Z H D M Z G C H V C F N Y O T K K U S
S T K Z L V G Z A C L A W O X H E M S J B E L K D T E
S A W U K C Y B R T Q V K M W O C W M U Z S R B M S S
X Y J Q U I M F W L D C E E A M C M Y E X G E W P C R
G I F O G C T A I F H W R J V O T L W Y D Y W W W O S
K E P R D M L B Y E X K E K G P N C J G L A T Q A N J
C K I Q Q R B G G L W S K K X M J N W N B O G J Q S H
Z F A N E M X M I R T G M U C R P M V W S W K A L I T
T O D M U X I X Q Q G X A C Z Q J G Y X B I V A R D M
B E J E E F W A I K D U H C L D W X C Y N V W Y D E Y
F I C O A R S E U F R K T E V W T B Y Y Q O P S X R U
M P G W S K C I S B R I T B S Y S G Z N K G Y L Q A E
T R T D B Q V K K A K P I E H K F C V T J N S E D B J
V N L L D A T E W I T C V Y Y G X X J Q G J G N O L T
P W R H R A N K Y B J I B U L G E R F Y H C K D Q E C
S O E C W D Z Y O N D E R X F O J Q Z E M F E E F B X
D E P R I V E X E Q R S P I K X N T N M A K C R H O Q
B P H O O U K S N J Y Q N B S Z L A H B T A D X V K G
```

assemblage	brittle	deprive	nevertheless	slender
bog	coarse	foe	presentable	withstand
boisterous	considerable	mantel	rank	yonder

"The Wonderful Wizard of Oz" Vocabulary Chapters 16-24 Part B **Spelling**
Practice writing each word twice in the space provided

assemblage		
bog		
boisterous		
brittle		
coarse		
considerable		
deprive		
foe		
mantel		
nevertheless		
presentable		
rank		
slender		
withstand		
yonder		

"The Wonderful Wizard of Oz" Vocabulary Chapters 16-24 Part B Flash Cards

assemblage	a group of persons together in one place
bog	wet spongy ground of decomposing vegetation
boisterous	noisy and lacking in restraint or discipline
brittle	having little elasticity

"The Wonderful Wizard of Oz" Vocabulary Chapters 16-24 Part B Flash Cards

coarse	rough to the touch
considerable	large in number, amount, extent, or degree
deprive	keep from having, keeping, or obtaining
foe	a personal enemy

"The Wonderful Wizard of Oz" Vocabulary Chapters 16-24 Part B Flash Cards

mantel	a shelf that projects from the wall above a fireplace
nevertheless	despite anything to the contrary
presentable	fit to be seen
rank	growing profusely

"The Wonderful Wizard of Oz" Vocabulary Chapters 16-24 Part B Flash Cards

slender	very narrow
withstand	stand up or offer resistance to somebody or something
yonder	in an indicated distant place

"The Wonderful Wizard of Oz" Vocabulary Chapters 16-24 Part B Flash Cards

"The Wonderful Wizard of Oz" Vocabulary Chapters 16-24 Part B Bingo

assemblage	brittle	deprive	nevertheless	slender
bog	coarse	foe	presentable	withstand
boisterous	considerable	mantel	rank	yonder

B	**I**	**N**	**G**	**O**
assemblage	Free	bog	brittle	Free
Free	boisterous	Free	deprive	foe
coarse	considerable	Free	mantel	Free
Free	nevertheless	presentable	Free	withstand
rank	Free	slender	Free	yonder

Included:

1. **Bingo Card:** -The activity involves providing students with a list of words that they will use to create their own personalized Bingo card. This interactive exercise encourages creativity and critical thinking as students strategically arrange the words on their card. By engaging in this activity, students can enhance their vocabulary, pattern recognition, and problem-solving skills. Additionally, it promotes social interaction and friendly competition among peers. Overall, this activity is a fun and educational way for students to actively participate in learning.

2. **Vocabulary Words with Definitions:** Begin by familiarizing yourself with a curated list of vocabulary words paired with their definitions. This section offers clear, concise explanations to help you understand and remember each term effectively.

3. **Vocabulary Words with Space for Definitions:** Test your understanding by writing your own definitions for a list of vocabulary words. This hands-on practice encourages active learning and helps you internalize each word's meaning.

4. **Vocabulary Definitions with Space to Write the Term:** Challenge yourself by matching definitions with the correct vocabulary words. This exercise helps reinforce your recall and application of the terms based on their meanings.

"The Wonderful Wizard of Oz" Vocabulary Chapters 16-24 Part B
Using the 15 words listed below create your own Bingo card.

assemblage	brittle	deprive	nevertheless	slender
bog	coarse	foe	presentable	withstand
boisterous	considerable	mantel	rank	yonder

B   I   N   G   O

	Free			Free
Free		Free		
		Free		Free
Free			Free	
	Free		Free	

"The Wonderful Wizard of Oz" Vocabulary Chapters 16-24 Part B
Using the 15 words listed below create your own Bingo card.

assemblage	coarse	presentable
bog	considerable	rank
boisterous	foe	slender
brittle	mantel	withstand
deprive	nevertheless	yonder

Made in the USA
Las Vegas, NV
11 April 2025